THE POWER OF MOTHER
WAHEI IWAKI

母の力

すべての創造の根源からの教え

岩城和平

蓮華舎
Padma Publishing

母の力

The Power of Mother

すべての創造の根源からの教え

岩城和平

蓮華舎

装幀
芦澤 泰偉

本文デザイン
児崎 雅淑
（芦澤泰偉事務所）

校正
（株）アンデパンダン

あなたは人生で
出口を探している。

もし、出口がわからなくなったときは
もと来た道を戻れば良い。

もと来た道とは
母の道である。

私たちは、母の道を通って
この世界にやってきたのだから。

はじめに

人類が地球上に誕生してから長い年月が流れ、いくつもの時代を経て数えきれないほどの魂が誕生し、見事なまでの人類史を創り上げてきました。この歴史の一つひとつを創り上げてきたのは、一人ひとりの命です。無数の命が関わり合いながら、壮大なる絵巻物を織り上げてきたということが、人類が他の動物と異なった生命体であることの証しです。

この、我々一人ひとりを生かす命。その命の源は愛であり、今日も我々一人ひとりを包み込んでいます。それが、原初の母であり、我々を生かす力の源なのです。誕生から死までの人生という物語は、愛によって始まり、愛によって結実します。

本作は、『恩寵の力――必然性に導かれた人生の答え』（蓮華舎 刊）に続く二作目として、宇宙の母なる存在と、その創造についてお話ししていきたいと思います。

これから明らかにされていく「母」とは、皆さんがよく知るような女神のことではなく、宇宙を創造した根源的な母のことです。

宇宙の母というと、聞き慣れない言葉のように感じられるかもしれません。確かに、今まで宇宙の母について語られることはあまりありませんでした。しかし、それは単純に時代性の問題です。男性性が優位な時代においては、女神については語られていても、その大本となる母なる神という存在を前提としてはいなかったため、母なる神についてあまり語られてこなかったのだと考えられます。

今回取り上げるこの「母」の教えは、こうした時代性の影響もあり、世間に流布しているものではありません。女神を信仰するような形態はあったとしても、宇宙の母の存在とその教えに関しては、私が知る限りではほとんどないと思います。

私がこの教えを授かったのは二〇〇〇年でしたので、まさにこれからの時代の幕開けを予感させられました。それから既に二十年以上の月日が流れましたが、人類の意識の進歩は遅く、「母」についてはいまだ無知なままです。

我々と「母」の繋がりは、より現実的です。魂の源が神であるならば、「母」は命の源です。

我々は母親から産まれてきます。出産とは、生きている母から産まれ出ることであり、産まれたときに既に父は死んでいたというケースはあっても、死んだ母から産まれてくるということはまずあり得ません。出産というのは命のリレーです。生きている母親から命を引き継ぐということです。そして、母親も祖母から引き継ぎ、祖母は曽祖母から引き継ぎ、これは原初の生命まで繋がっています。原初の命から今の私まで、命は途切れることなく繋がっているのです。

こうして遡っていくと、我々は宇宙の母に辿り着きます。宇宙の母が宇宙を創造したその瞬間から今に至るまで、「母」との繋がりは途切れたことがないのです。まさに、自分が今生きていることが、すべての先祖であり、原初の母なのです。そこに連綿と繋がる母の愛というのは、原初の母から途切れることはありません。命に感謝することと、命を大切にすることは、祖先や、ひいては「母」を大切にすることに繋がるのです。

私もかつて、神は男性であると勝手に思い込んでいました。ですので、自らの経験において、最初に顕《あらわ》れた神は性別を超越していましたが、次に顕れたのが「母」だったことに大変驚きました。

そして、「母」から観た世界を開示されたときに、この地上を支配している力のほとんどが母性であることを観て驚きました。人間だけが取って付けたような男性支配のハリボテの世界なのです。しかし、ただそのように見えるだけで、結局子どもを産むのは女性であり、本質は異なっているのです。人間界のそれに対して、自然界は完全に母性が支配する世界です。私自身、この「母」の視点から世界を観たときに、そこに現れている力と愛に衝撃を受けました。

この「母」から来る愛は、すべての人に等しく注がれています。しかし、人類はこのかくも単純で明解な答えを、難しく考えることでわからなくしているだけなのです。ただ胸に手を当て、自分の鼓動を感じ、「母」との繋がりを理解すれば良いだけです。我々の人生は神の計画に完璧に則っており、「母」によって導かれているのです。

「母」の教えはどちらかというと、我々にとっての悟りの障害となるものが何であるか、という部分に特化されています。神の教えは真理のみに焦点が合っていますが、「母」の教えは我々が抱えるさまざまなマーヤ（幻影）という障害を、どのように理解するかがポイントになります。

マーヤについては、前作でも触れてきましたが、この宇宙のようにぐるぐると回る性質を孕《はら》んでおり、教えそのものによって「マーヤ酔い」してしまうこともしばしばです。教えそのものにパラドキシカルな部分が多々ありますので、好ましく思わない人もいるかもしれません。

しかし、この「母」の教えを理解することで、我々が深刻に捉えていたさまざまなマーヤをマーヤとして理解できるならば、雲が晴れるように意識は晴れ渡り、神という絶対的な真理が顕わになります。

マーヤを知らなければ、神そのものをも理解することはできません。相反する教えが存在してこその我々の世界です。

この理解は、マーヤを雲に捉えるとわかりやすいかもしれません。雲が発生して雨が降ります。現代ではその仕組みが科学的に理解されているので、日照りが続いても雨が降り続いても、我々はその理由を理解しています。しかし、かつての時代は、これを神々の障《さわ》りと捉え、祈祷をしました。

正しい理解は不安や迷妄を取り除くのに役立ちます。マーヤという雲を取り払うことで、真理が明らかになるのです。

今まで、「母」の教えやマーヤに対する理解が一般的でなかったがゆえに、真理とは彼方のものであったのです。「母」やマーヤを理解すれば、それは未知のものではなくなります。

神または自己を探求していくために、それらを覆い隠すこのマーヤについての教えは不可欠であると私は考えています。

現代では、かつての時代のような性別の差という壁は崩れてきています。ジェンダーレスという考え方も一般的になってきました。この時代にあって、神が「父」であるというような考え方も古いものになって当然です。性を問わないという現代の考え方は、本来の神という性別を超越した存在にさらに一歩近づいた考え方とも言えるのです。

しかし、人類は性別を持っています。ゆえに、人間にとって性別をどう捉えるかということは重要な課題です。相対した世界では、バランスを取ることが大切になってきます。人口の割合をみても、不思議と男女のバランスは取れています。これは、自然界の能力であるとともに、絶対者の必然性から来るものなのです。

長い歴史によって蓄積された性差別を取り除くのは、なかなか難しいことです。しかし、今の時代のさまざまなアプローチは、こういった性差別を取り除くとともに、社会全体に変化をもたらしています。

時代は徐々に変化してきています。これを私は「母」の時代の到来と理解しています。現在の世の中のさまざまな問題は、変化するための産みの苦しみであると私は解釈しています。

「母」の時代がやってくると、かつてないほど時代は穏やかになると私は考えます。なぜならば、「母」の存在の基となるのは愛だからです。世界が愛に満たされるなら、我々は分かち合いと平等を経験することになります。

この地球上で母を持たない生命は存在していません。そして、それらのすべての母は我が子に対して無償の愛を注ぎます。

すべての母は子どもに幸福になってもらいたいと願っており、その愛のすべてを子どもに与えるものです。

なぜ、かくも母とは愛であるのか。

それは、宇宙の母が愛以外の何者でもないからです。「母」は、自らの被造物すべてに、持てるすべての愛を注いでいます。この摂理を理解すれば、我々の誰もが「母」の愛の恩寵を受けていると理解することができるはずです。

しかし、人間界は難しくできています。もちろん進化の頂点に存在しているわけですから、仕方のないことです。この愛という普遍的な心は試練として利用され、意識の進化の過程において、避けては通れない学びとなります。

よって、我々は愛し方や愛され方がわからず、自分は愛とは無縁だと感じてしまうこともしばしばです。しかし、これらは単に試練として起こっているだけなのです。「母」我々人類のすべてが「母」に愛されており、成長を求められているのです。「母」は目に涙を浮かべながら、我々に試練を与えているのです。


人生とは愛の学びのための場です。

ないからこそ求めるのです。探求して辿り着いた先に、宇宙を包括するほどの大きな愛があります。これが「母」が私たちに示したかったことであり、これが究極の目的だったのだと悟ります。その愛に触れて、我々は自分が何者で、なんのためにここに存在しているのかを悟るのです。人類のためにも、そして地球のためにも、我々は変わっていかなければなりません。

ここに説明した「母」の教えも、皆さんからすると観念になってしまいます。前作『恩寵の力』の内容にも共通しますが、これらは観念で捉えることではなく、実際の体験を必要とします。

そして、これらの恩寵をもたらすのは修行の結果ではありません。「向こうからやってくるもの」なのです。それを受け取るために必要なのは、愛です。愛であることによって、これらの恩寵は自動的にやってくるのです。

自己において客観的であり、常に愛に満たされていれば、それは必ずやってきます。ですから、必要な努力があるとすれば、ただひたすら愛であることです。水が水を呼び込むように、気流が空気を呼び込むように、愛が愛を呼び込みます。我々が愛であれば、恩寵は必然的にやってきます。

本書『母の力』を通して、「母」の力に目覚め、究極の愛の状態を、たくさんの人たちが経験することが私の願いです。まだまだ時間はかかるかもしれませんが、縁あって、皆さんが本書を手にする「みこころ」があるならば、それは既に皆さんにおいて「母」の恩寵が起こっているということです。
この「母」の教えは単純です。ある意味簡単すぎます。人間は複雑に物事を考えるようにできているので、簡単すぎると、かえってわからなくなってしまうことはしばしばです。難しく考えることはありません。ただシンプルに、「母」の愛に自らを委ねるだけです。

本作は、三作目である『目覚めの力』（仮題）を補う部分にあたりますので、本来ならば二作目と三作目の順番が逆です。しかし、このあたりも「母」特有のパラドキシカルな作用を感じます。目覚めた、ないしは目覚めかけた意識が、なぜ、何によって元に引き戻されるのか、なぜ目覚めがなくなると感じるのか。三作目はこれらの疑問への回答です。ですので、目覚めの体験の起こってない人からすると、わかりにくい部分も多くあると思います。しかし、私からすると、本書において述べる話は、一読することですべて脳内に観念として認識されます。依然として観念であることに違いはありませんが、この思惟方法は人生のあらゆる場面で役立つ考え方であると理解しています。

三作目の刊行は来年の予定ですが、三作目を読まれた後でもう一度本書に目を通してみると、また違った印象として本書の意味が理解されると思います。三部作ならではの面白みです。

読者の皆さんには一作目で全体像を俯瞰してもらい、三作目で目覚めそのものの感覚に触れてもらい、二作目で目覚めの障害となる部分を理解してもらえれば、この三部作の趣旨を理解していただけると思います。

しかしながら、人間にはそれぞれ個性があり、その個性というのは神より与えられた必然性によります。この個性は、精神的な教えに興味を持つように仕組まれている人やそうでない人、智慧の道に興味を持つ人、愛の道に興味を持つ人、絶対者のような唯一なる結論を求めたり、「母」のような愛に答えを求めたりと、さまざまな現れ方をします。

これらは、神から来る必然性によって定められています。本書を読んでピンと来なくても、十年後にピンと来るということもあるかもしれません。

「母」の道は、時には険しくはあるものの、甘美なる道です。この愛の道を歩めることは、奇跡のようなことです。

皆さんがこれを知り、直感することで、「母」は皆さんにおいてリアライズされます。そうなれば、残りの人生は「母」あるのみです。

この単純明解な教えが皆さんの上に結実することを心から願っています。

二〇二二年七月十五日

岩城和平

目次

第二部　講話と問答

第一部

創造の根源からの教え

I 「母」の導き

日の出時間や夕暮れ時に、師であるスワミ・サッテャーナンダのアーシュラムのバルコニーから見える貯水池と周辺に高くそびえ立つ椰子の木々を眺めるのがほぼ日課となっていた私は、まだ十八歳という若さでした。慣れないインドという土地での生活と、修行という修練の中、この異国情緒漂う光景は私の慰めであり、緋色に染まる空を背景にそびえる椰子の木のシルエットは私の感性に訴えかけるに十分でした。

アーシュラムのあるビハール州は、かつてブッダが生きた大地です。田園風景と渇いた赤茶けた大地という対照的な側面を持ち、インドならではの大地性を体感できる場所でもあります。牛糞を燃料として焚く煙や、空気中に漂う土埃の匂い。すべてがどこを取ってもインド的でした。

このような場所に佇むサッテャーナンダのアーシュラムはヨーガを実践する本格的な道場でした。私は毎日四時には起床し、瞑想の実践を行っていました。

クリヤ・ヨーガやクンダリニー・ヨーガのテクニックの実践は、仕事や学業などの日常的な普段の生活を営みながら実践するのは困難であり、ある種ストイックな環境が必要になります。食事や雑事の心配事から解放され、修行のみに集中できる環境が必要なのです。

朝、昼、晩とそれぞれ二時間から三時間の瞑想を行い、その他に日中のクラスやカルマ・

ヨーガ、夕暮れのサットサンガやキールタン、師との謁見《えっけん》。これらを繰り返し実践する毎日は、単調でありつつも外の世界と接することなく、自らの内側へ深く潜り込むのを助けてくれました。

私自身、瞑想の実践は十五歳から始めましたが、ここに来てからは本格的なテクニックをいくつも教わり、日々集中力は増していきました。スワミジの何人かの高弟たちはそんな若い私をこぞってサポートしてくれました。これらすべての環境とここで培われた瞑想の技法は、私の心の世界への扉を解き放つ土台を作ってくれました。

このアーシュラムに到るにあたっても、さまざまな出来事の連続でした。これら偶発的とも思える出来事の数々は、すべて神によって仕組まれていたわけですが、意志のない転がるパチンコ玉が障害物に当たって進む方向性を変えていくように、私の進むべき方向性も、偶発的とも思われる出来事によってその向きを変えられ、必然的な方向にコロコロと進んでいくのでした。日本から遠く離れたイギリスまで行き、そこからいくつもの折り重なる出来事が私をインドへと導いたのです。しかし、当時の私からすると、思うように行かない人生に苛立ちを感じていました。

その後も、私の人生は不可思議な出来事をきっかけにして、思わぬ方向に展開していきました。アーシュラムを出た後、何度も戻ろうと努力したのですが、それは叶わず、その流れは私をチベット仏教へと導きました。

こうした流れのすべてが必然的であり、さらには「母」のシャクティが関わっていることを今では完全に理解しています。

この「母」のシャクティは「父」が持つ不動なる静寂と対をなし、物事を生かし、力を与え、動かし展開させる力です。

折に触れ「母」は女神や、女性を通して私に働きかけてきました。このアーシュラムにおいても、私が困り果てていると必ず目の前に現れる女性のスワミがいました。彼女は私の前に現れると、私に助言を与え、あらゆる問題を解決してくれるのでした。

彼女は常に深い瞑想状態にあり、誰とも異なった瞳を持っていました。普段は全く見かけないので誰かに彼女のことを尋ねると、あの方はとても高い境地に在り、普段は部屋から出てこないとのことでした。そんな彼女が私の困窮を察知すると私の前に必ず現れてくれるのでした。また、アーシュラムの外には、サラスヴァティーを祀る小さなお寺があり、この場所は私にとって癒しの場所でありました。

さらにチベット仏教の修行へと移行すると、多くの女神との関わりが発生しましたが、なかでも、ターラー菩薩の存在は格別でした。私はターラー菩薩を守護尊として日々のお勤めをこなし、共に歩みました。ターラー菩薩は不思議な少女のような若い女性の姿をとって私の夢にたびたび現れました。今思っても、ずっと一緒にいてくれた感覚がありま す。これらはすべて「母」のなせる業だったのだと、今では合点がいっています。

この母性の働きは女性に限ったものではなく、男性にも内在しています。

私の経験ですが、私が内なる母性をはじめて体験したのは、四、五歳の頃だと記憶しています。母親が仕事でいないときなどに、時折父親と通っていた中華料理店での出来事です。我々の隣の席で漫画を読みながら炒飯を頬張っていた大学生から目が離せなくなり、私のハートに不可思議な愛が溢れてきて、その彼を胸に抱きしめたくなる感覚に圧倒されたことがあります。その感覚はしばらく続いたものの、自分の注文した料理を食べ始めると、すっかり消えてなくなりました。この記憶はいまだに鮮明に憶えているのですが、「母」の体験後、この感覚の表出は「母」、すなわち母性だと理解するに至りました。こういった愛に溢れる感覚、特に小さな子どもに対して溢れてくる感覚などは母性の働きです。

さらに、チベットなどの国には面白い現象があります。特に高僧など、徳が高いとされている人物が歳を取ってくると、段々と性別を超越してきます。見た目では、お婆さんのように見えることもしばしばです。

「母」の作用というのは、これらのようなエネルギー的な作用に留まりません。人間の体内では日々細胞分裂が起こっています。これらの細胞分裂というのも、仕組みから考えれば母性の働きです。我々は「母」によって創り出された世界の内にあり、また我々の内側にあって我々を生存させているのも「母」なのです。

今こうして思い返すと、この「母」の働きは他にも私の人生の随所に見られます。

私がまだ中学生の頃のことですが、当時は絵を描くことに夢中になっていました。たくさんの美術館に通い、ルネッサンス期の絵画を見て回りました。もちろん、イエス・キリストを見るためだったのですが、そんな中、ことさら心を惹かれたのが、バルトロメ・エステバン・ペレス・ムリーリョの聖母子像でした。

ムリーリョは、十七世紀を代表するスペインの画家です。その作風には愛らしさがこもっています。ムリーリョの描くマリアや幼子は、愛の表現であると私には感じられました。私はこれらの作品に大いに刺激され、聖母子像を描くようになりました。しまいには、我が家の漆喰の壁に等身大の聖母子像をテンペラという壁画の技法に似せて描きました。

毎日自分の絵を眺めながら少しずつ手を入れ、長い時間をかけて描き上げていきました。

数年後、その家は取り壊されましたが、解体屋さんは何を感じたのか、家はすべて取り壊されたにもかかわらず、その壁だけが長い間取り残されていました。夕暮れ時に絵を見に行ってみると、広い敷地内の瓦礫の中に母マリアが幼子イエスを抱いた姿が浮かび上がっていて、大変感慨深いものがありました。


確かに私はその頃から、無自覚ながら、「母」に向き合っていました。特に、この後関わってくる辨財天《べんざいてん》に関しては、さらに多くの恩恵を受けることになります。

私が三十歳で修行をやめたのも、三十三歳で復活したのも、サラスヴァティーが常に絡んでいました。

サラスヴァティーは日本では辨財天として知られていますが、日本では神道系の辨財天と仏教系の辨財天の二系統があります。これは大黒天や荼枳尼天《だきにてん》なども同じで、神道の神々様とインド由来の神様を合体させることで、信仰しやすい方向性を作り出しました。

しかし、神道における神々様と仏教系の天部の神々は、ただ雰囲気が似ているだけで異なるものです。

神道系の辨財天は宗像大社《むなかたたいしゃ》に祀られる三人姉妹の女神様です。宮島や江ノ島にあるものなど、これらの宗像神を祀る神社は各地に点在しています。それに対して仏教系の辨財天は、ほとんどが寺院に併設されており、護法尊としての役割を果たしています。上野の不忍池《しのばずのいけ》の辨財天などが有名です。　私が若い頃に関わったのは、比叡山にある辨天堂でした。

若い頃、辨財天によくお詣りしており、自分の中では、重要な護法神として位置づけていました。ところが、二十九歳のときに、仏教系の辨財天の眷属《けんぞく》である蛇の障りを受け、これを調伏《ちょうぶく》するのに大変な思いをしました。それ以来神界との関わりが嫌になり、修行を諦めてしまったのです。

ところが、これだけでは終わりませんでした。その三年後、当時働いていた仕事場のお客さんが江ノ島におり、打ち合わせで江ノ島に立ち寄りました。小一時間ほどで打ち合わせが終わり外に出ると、何やら賑やかな通りがありました。そこには鳥居があり、辨財天が祀られていると書かれています。私はなんとなくこの賑やかな参道に心惹かれ、上っていくと、神社の正面の山門に出ました。竜宮城のような山門は圧倒感を放っていました。思えば、私は関東の霊場に関しては何も知らなかったのです。インド、チベット、関西、これらの地では巡礼を繰り返し行ってきましたが、関東となると、全く無知な状態でした。

私はこの立派な山門に圧倒されつつ、階段を上っていきました。息を切らしながら上がったその場所には、朱に塗られた第一のお宮である辺津宮《へつみや》がありました。小さいながらも、その美しい建物はそこに祀られる神様がいかに美しいかということを物語っているようでした。さらに、その横には八角堂があり、ここには八臂《はっぴ》辨財天をはじめ、蛇体の宇賀《うが》神《じん》など、仏教系の辨財天が祀られていました。さらに階段を上ったところには中津宮があります。このお社《やしろ》も朱塗りで美しく彩られていました。ここが、辨財天としては最も有名な市寸島比賣命《いちきしまひめのみこと》を祀るお社です。

そしてさらに歩くと、最も奥に鎮座しているのが奥津宮でした。この場所に至ったとき、この場所だけ時間が止まっているかのように感じられました。人の時間ではなく、神々様の時間が流れる場所です。伊勢の内宮や、出雲の出雲大社に共通する時間の流れです。私は、この女神たちが遊ぶ庭にすっかり魅せられてしまいました。

この日、突如として復活の力が降りてきました。長らく修行を中断し、世俗のみの世界で生きてきましたが、この日を境にめきめきと感覚が戻り始めました。こうしたものはマーヤではありますが、霊感的な力や直感が昔のように戻り始めたのです。感覚が戻り始めると、その他の不可思議なる現象も併せて起こり始めました。私は、辨財天によって引き離された信仰の世界へ、再び辨財天の力によって引き戻され始めたのです。

そのときから江ノ島への月詣りをはじめ、たくさんの導きと守護を受けるようになりました。この時点では、まだ宇宙の母は顕れていないので、あくまでも辨財天のエネルギーは神々様としての現れであり、日によって激しく変化する力でした。夜になると、辨財天単体の力は怖くなるほど強く現れました。のちに伊勢という土地の氏神である猿田彦大神を共に祀ることで落ち着きましたが、このように、男神や女神は対にしてバランスを取ると良いようです。神々様の世界は相対する世界を前提としているので、女神のみ、または男神のみを祀るというのは相対の法則に反するものとなるので、理論上その恩恵を十分に受けることができなくなるのです。

これらの神々様は五行などのエレメントとも深く関係しています。道教では、無極→太極→五行→八卦というように、世界が展開したと考えます。無極は、唯一なる存在の無の状態であり、太極は陰陽の相対、つまりは「父」と「母」の相対になります。ここから五行が生じるのですが、五行は、それぞれ木、火、土、金、水となります。この五行が万物を生成する源のエレメントになります。インド由来のエレメントは地、水、火、風、空となります。こうして世界が生じると、その世界は八卦の影響下に置かれます。

この解釈は、人間のみならず自然界の一切の物質に及びます。五行では、より根源的な相性、八卦ではさらに細かく解説されます。これらの性質上、神々様のエレメントにも相性が出てきます。相性が悪い神々様同士を祀ると喧嘩すると昔から言われています。

神々様は、厳しく厳格です。恩恵を受ければ受けるほど、神々様の要求は厳格になってきます。繫がりが深くなればなるほど、お詣りの仕方、お供え、入り口を間違えているなど、お詣りは難しくなります。

しかし、伊勢神宮や、氏神というのはある種の免罪符であり、このような難しい条件を突きつけられることはほぼありません。神宮は国の最高神であり、本来、日本全国民が詣るべき場所であり、氏神はその土地に住まわせていただいている以上、お詣りをしなければならない場所であるからです。もちろん、キリスト教などの異なった宗教に属している人にとっては関係のない話ですが、個々の特別な信仰対象となる神々様となると、かえって災いとなる可能性も否定できないので、その神社が行くべき場所なのかを検討すること、つまりは、お呼びがかかるのを待つことが大切です。

私の経験では、特に女神系は厳格です。しかし、その恩恵には、女神ならではの優しさがあります。いくつもの障害を乗り越えて辿り着く女神との繫がりは、甘美なる祝福の世界です。

さて、こうして辨財天との繫がりを得ることで、私の感覚はかつての状態にまで戻り、そこからあらゆる事柄が連鎖的に共鳴し合い、次の現象を呼び、エネルギーはさらに強まっていきました。自分の力を超えた力が私を導き、力を漲《みなぎ》らせ、あらゆる日常的な現象を霊的な力でねじ伏せていきました。この現象は圧巻であり、あらゆる場面に神からの啓示が溢れていました。このパワフルな日常は、それまでの三年間のスランプがあったからこその経験でした。世界のあらゆるものに対する感謝と、失われた自らの力の復活には涙が出るほどでした。

こうした日々は私に再び自信を与えてくれるとともに、かつては足りなかった謙虚さというものを教えてくれました。どん底を経験することで得られた全く価値のない私という認識は、自己否定から謙虚さへとトランスフォームされたのです。

こうした、自己崩壊に続く自己の再構築が行われていくと、私の感覚はさらに冴え渡ってきました。一九九九年になると、いまだ自己の本質をわかってはいないものの、わかる日が近づいていているということがわかる感覚に変わっていきました。日一日と近づいてくるその感覚は、全く新しい私が生まれるその日に向けて高まり続けました。

そして、とうとうその日はやってきました。前作『恩寵の力』で詳細に述べた通り、私の二元的なものの見方はすべて崩れ去り、唯一なる存在の状態へと昇華されていきました。すべてが完璧なる必然性の中に存在し、その支配は圧倒的です。この圧倒的なる支配を前にしたときに、一切の観念は意味をなしません。自由意志があるかないかとか、そのような疑問すら湧き上がりません。そのようなものは、はじめから存在しないのです。ひたすらこの圧倒的なまでの存在がすべてを圧倒しているのです。その存在の前では、愛と感謝しか湧き上がってきません。

「これで良いのだ。すべては完璧なのだ。私たちは愛なのだ。何を思い悩む必要もない。ただ絶対的なる彼が存在しているのだ」

こうして、私の探求は終わりを遂げました。

ここに至るまでにさまざまな経験と導きを経験してきましたが、そのきっかけを作ってくれたのは間違いなく辨財天です。この導きは、さらなる「母」という高みへと私を導いてくれたのです。また、これらのすべての計画が神によるものであるとともに、「母」によって仕組まれていたということです。

二〇〇〇年の「母」の到来まで、あらゆる現象はただの点でした。ところが、「母」が顕れると、すべては線として繋がり、私が今までどれほど「母」に導かれていたかを理解しました。すべての出来事はあるべきその一点に向けて準備されていたのです。私は「自分がしている」と思い込んでいただけで、すべては計られていたことであり、はじめから決まっていたことです。

私が人生で受けてきた「母」の導き。そしてこれからも続くこの神の計らいは、「母」の愛そのものであり、我々のゴールへの道標なのです。

今まで、「母」を知ることがなかったがために、「母」の導きを導きとして理解できずに人生を歩んできた多くの人たちが、この「母」の教えを知ることで、自らの人生を顧み、再確認してみると、多くの「母」からのヒントが自らの人生に埋め込まれていることを理解するはずです。

Ⅱ　「母」とは

私が「母」の体験をしたのは、二〇〇〇年の母の日です。その体験は想像し得なかった経験でした。

私は子どもの頃から目に見えざるものをいくつも体験してきました。霊魂や神々様、精霊のようなものまで、感じ取ることがたびたびありました。これらを表現するならば、「向こうを歩いている人」の感覚です。例えば、我々が通りの向こう側を見ているときに、人が歩いている、このような第三者的感覚です。

ところが、「母」を体験したときに私が感じたのは、明確にこちらに向けられた意識でした。そこに透明人間がおり、息をしているかのような生々しい感覚がありました。ラーマクリシュナは、「母」はよく寺院内を走り回っていると表現していましたが、その意味するところと同じような感覚だと思います。


「母」の体験の前に起こった絶対者の体験は、建物の構造を完全に無視していました。天井から降りてくる恩寵、建物がないかのように全方向に広がる存在。自分は建物の中にいるにもかかわらず、それとは無関係に自分の存在が宇宙に吸い込まれていくかのように、ただひとつの空間に変容していく感覚は圧倒的でした。

しかし、それに対して「母」は部屋のドアから入ってきたのです。そのとき、「誰かが入ってきた」と感じられました。この感覚は、これまでさまざまな経験をしてきた私にとっても、はじめての経験でした。私は驚いてドアの方に向き直り、しばらく目には何も見えないその空間を見つめていました。

「誰ですか？」と私は恐る恐る尋ねてみました。もちろん返事はありません。しかし、私の感覚には何か女性のようなニュアンスが伝わってきました。

そこで、私はあらゆる女神の名前で呼びかけてみました。「サラスヴァティーですか？マリア様ですか？　天照大神《あまてらすおおみかみ》様ですか？　カーリーですか？……」考えられる限りの女神の名前を尋ねてみましたが、その空間は無反応でした。そして次なる瞬間、思考を超越したレベルで「宇宙の母である」という理解が突然生じました。そこで私は「お母さんですか？」と尋ねると、部屋中にエネルギーが充満し、漲っていきました。

私は「母」のエネルギーの中に吸収されていき、人生が逆回転して走馬灯のように流れました。これは以前、絶対者を経験した際にも経験しましたが、前回は「みこころ」を理解するプロセスとして起こりました。それに対し、今回の過去の回想は、そこに「母の愛があった」ということを理解させるために起こっていました。感覚的に私はそれを経験している年齢にまで肉体も退行していき、最終的には胎児になり、胎児から無の状態にまで遡りました。そしてしばらくすると、再び今来た道を逆行して現在に戻っていきました。この時点で「母」の宇宙における作用のすべてが理解されていました。

そして、「『母』は母性としてすべての女性性に顕現している」と了解されたのです。

その体験以来、半年前に絶対者を体験してから不安定だった意識の原因も、すべてが理解されました。

何事もそうですが、物事の理解は、正の側面と負の側面の両方が理解されてはじめて完成されます。神という全体性の理解はもちろんですが、「父」と「母」のような相対的な神を理解する場合、正の側面だけ理解しても、完全なる理解には辿り着きません。「母」の教えはある意味で負の側面の教えであり、これをもって、完全なる理解が完成されるのです。

「父」と「母」は常に対となっており、どちらかへの偏りはバランスの乱れへと繋がります。ですので、皆さんに心しておいてほしいのは、常にバランスを取ること。中心において左右のバランスを取ることを意識して心掛けることです。

この世界は平衡《へいこう》なのです。神も宇宙も世界もすべてはこの平衡で成り立っているのです。

1　「父」と「母」

過去、長らくにわたって神は「父」であると考えられてきました。これは男性性が強い時代の影響もあったのだろうと思われますが、そもそも神に性別はありません。もし神が「父」ならば、女性という存在は一体なんだということになります。「神が父なのだから、男の方が上だ」という、時代に逆行した考え方になってしまいます。今の時代、宗教が持つ力が弱まってきているのは科学の進歩のせいではなく、神は「父」であるという考え方が終わりを迎えようとしているのではないでしょうか。

これからの二千年は、母性が前面に出てくると言われている時代です。ジェンダーレスという考え方も、この傾向を反映しているのだろうと推測されます。

そもそも神に性別があるわけではありません。人間の感覚で、神に人間的なイメージを押しつけようとしているだけです。我々の中にないものはイメージのしようがないからです。よって、神というときにイメージされるものは我々の側のイメージであって、実相そのものではないのです。過去の男性優位な時代背景が、神は男だといった誤った観念を作り出したのです。

しかし、繰り返しになりますが、神に性別はありません。神に対して性別を与えたがるのは人間であり、単に三次元的な経験から来る我々のイメージをあてはめた、人間の脳が作り上げた神です。

しかし、我々にとって必要なのは、脳が作り上げた神の観念ではなく、神の実相です。人間に可能なのは、神をふたつの異なった視点から見ることです。

ひとつ目は、唯一性という視点です。唯一性の視点は、究極的な視点です。ここでは完全体である神の実相が展開します。神以外の一切は存在しないのです。この結論は答えでありながらも、実際の生活にはなんの助けにもなりません。神以外ないと観念していても、現象世界で生きる我々は現象世界から来るトラブルなどに巻き込まれるからです。宇宙の哲学的理解には役立ちますが、実践的ではありません。

それに対して相対的な見方は、生きることの助けになる部分が大いにあります。ただし、相対的であるため、必ずバランスを取らなければなりません。つまりは、出来事と認識の微調整を常にしなければならないということになります。その調整が後に説明する「マーヤ解き」になります。

そして、そもそもの始まりにある相対現象というのが、神における相対化です。

まずは、唯一であるはずの神が「父」と「母」として相対するというところから始まります。「父」と「母」はそれぞれ非顕現と顕現という意味でも相対しています。「父」は絶対者の本質を継承しているので、非顕現なるものです。しかし、「母」は創造のために生じた存在なので、その存在は「母」の現象世界への顕現です。

例えば、キリスト教という人類にとって不可欠な要素の宗教を作るためには、イエスという超越的な存在が地上に誕生しなければなりませんでした。イエスの誕生は神の思いつきではなく、永遠の昔から決まっていることです。これは神の完璧性から来ています。

神は完璧であるがゆえに、始まりも終わりもなく、時空を超越する絶対者です。その完璧性は完璧であるがゆえに、その完璧の中にすべてのプログラムが存在しています。人間の世界ではプログラムを作りますが、神の世界では、プログラムは作られるのではなく、そもそもの始まりから存在しているのです。ですので、非顕現なる神と、顕現する宇宙の母によって、イエスが産まれるというプログラムが宇宙にははじめから内在しているのです。

つまり、マリアは宇宙の母の顕現なのです。現代に至るまで、父性が強い時代でしたので、必然的に「母」は父性の陰に隠れた活動をするに留まっていました。聖母マリアもそうです。

では、「父よ！」と祈ったイエスは間違っていたのでしょうか？　決してそうではありません。イエスにとって神は確かに父だったのです。イエスの肉体における母はマリアです。しかし、マリアは受胎告知によって処女懐胎したと言われていますから、イエスにとっての両親とは、母マリアとマリアを受胎させた神ということになります。つまり、イエスにとって父は神であり、イエスが神を父として解釈することはおかしなことではなくなります。イエスにとって神は肉体次元の父をも意味しているのです。周りの人たちがこれを言葉通りに受け取り、旧約聖書の影響とともに「神は男である」と思い込んでも仕方のないことです。日本のように、天照大神という女性神が頂点に立つ信仰は世界でも珍しいのです。

多くの「母」が陰ながら活動をしてきたのが過去の二千年間であり、これから「母」の時代に変わっていくと、女性のあり方そのものが変化してくるだろうと考えられます。最近のハリウッド映画でも、こうした女性のヒーローを描くものが増えてきました。女性が表に立つ時代がやってくるかもしれません。キリスト教でも母マリアの見方がさらに大きく変わるかもしれません。イエスの母、人間としての母ではなく、宇宙聖母としてのマリアという見方で、父なる非顕現の神と同等に扱われるようになるかもしれません。伝統的なキリスト教では、マリアへの信仰をどう扱うか色々と問題があるようですが、私からすれば、「父」と「母」と「子」という三位一体が本筋だと考えます。

どこの国でも女性の地位は低く見られてきましたので、ここにマリアを入れないというのは、ある意味で当然です。日本でも、当時の時代背景によって信仰が制限された例があります。本来、観音菩薩は明妃《みょうひ》（本尊と対になる女尊）であるターラー菩薩とセットで信仰されるものですが、仏教伝来の時代、女性の菩薩は好ましくないという考え方から、日本では信仰の対象から外されたと言われています。ところが、多くの人は観音菩薩を女性だと勝手に勘違いしていたりします。これは、ターラー菩薩が観音様と一体化して信仰されたためだと私は思っています。このように、社会が女性蔑視をしている限り、宗教への影響も免れないのです。

「父」と「母」と「子」というのは仏教で言うところの三身《さんじん》、つまり法身《ほっしん》、報身《ほうじん》、応身《おうじん》または変化身《へんげしん》にあたります。これは、仏の本質についての解説であり、法身とは仏の本質。報身とは仏の人格神的顕れ、つまりは菩薩など。そして応身または変化身とは、人の体をもって教えを流布させるために出現した人。これらは、絶対者から人間まで、どのようにして教えが伝達されるかを示す、ひとつの目安になります。法身であり「父」である絶対者から一切の媒体を通さず、報身である「母」に教えは伝達されます。そして「母」から変化身である「子」に霊感的な直感を通して教えは伝わります。そして、子は言葉を通して人々に働きかけます。この仏教的アプローチは、キリスト教のなかでも起こっていることなのです。マリアは宇宙の母であり、イエスが教えを説くための重要な礎なのです。

神という存在は、本来は唯一なる超越者ですが、創造の原理として働くときに「父」と「母」に分裂するということです。また、この分裂にも属性が存在し、これはあらゆる生き物を雛形に考えれば明確ですが、「母」は生み育てること、「父」は円熟と死を意味することとなります。

「母」↑私↓「父」、この図式は「母」に向かえば愛であり、「父」に向かえば智慧になります。この二元性はこの三次元という現象世界においては逃れられない原則なのです。

この原則の影響を受け、今後二千年は「母」の影響が強く出ることが考えられます。母権社会的な構造が世界的にも採用され、戦争や環境破壊がなくなり、平和な世界が作られていくと考えられます。人間自体も生きた証しを功績で測るのではなく、農業などを通してシンプルな生き方の中に見出すようになるかもしれません。

当然このような社会構造になれば、信仰の形態も変わってきます。過去二千年のように「争うな、奪うな」という人間の欲望をコントロールするための道徳的な教え、つまり進化することよりも、自己の制御に重きを置く教えが主流でしたが、これからの時代は進化に重きを置く教えが主流になると考えられます。自分のエゴとどう向き合うかではなく、神の理解や自己の根源と向き合うという、信仰本来の形態に進化します。

確かに今の子どもたちを見ていると、過去の時代の人間からすると、弱々しく見えるかもしれませんが、彼らこそが次世代の魂の持ち主なのです。争いを好まず、個々が淡々と自分の世界を楽しむ。周りの大人たちがそれを理解してあげれば、子どもたちは伸び伸びと自分の長所を伸ばすことができます。今は切り替えの時期であり、多くの大人たちが理解に苦しんでいるというのが現状です。今の子どもたちは決しておかしくないのです。次世代に向けて生まれてきている、これからの魂なのです。彼らを変えようとするのではなく、大人が見方を変え、大人の側が変わらなければならないのだと私は考えます。

今、我々が直面している環境破壊なども、母権的社会構造が構築されることで、消滅する問題だと私は考えています。かつて大昔は日本だけでなく多くの地域が母権社会であり、母権社会は自然とうまく共存する方法を知っていたのです。

「母」の時代がやってきて、母権社会になり、すべての生の根源である「母」に敬意を払うならば、自然界と人間は調和するに違いないと思います。

2 創造

次に、私が理解した「母」の創造の側面について述べていきたいと思います。

まず、宇宙の創造は「母」によるものです。この世界を見渡せばわかるように、子孫を男性性が生みなすことはありません。花にしても、動物にしても、もちろん人間にしても、生む役割は女性性の役割です。この元型が宇宙の「母」なのだということです。もし「父」が世界を創造したならば、男性性が生むという役割を担っているはずです。

この世界で生むという役割は女性性にしか見られず、女性性が始まりです。それに対する男性性は、終わりを意味するのです。厳密に言うと、「母」は創造と維持に関わり、「父」は破壊と創造に関わっています。

太古の人類や多くの動物は家庭を作りません。というより、家庭が作れないのです。なぜならば、雄は子孫を残すという役割を果たすと、次の創造に向けて違う雌を探すからです。しかし、進化した人類は理性の力で家庭を築き、それを維持しようと頑張ります。本能に逆らった行動ですが、これが神から与えられているひとつのプログラムです。

また、動物の生殖活動を見ればわかるように、雌にとっての生殖活動は始まりを意味します。生殖活動から妊娠、出産と続くのです。しかし、雄にとっての生殖活動は終わりを意味します。

この男性性による終わりが意味するものは、インドではシヴァ神のナタラージャとして知られています。シヴァ神が踊るとき、宇宙が崩壊するという伝説です。しかし、これは新たなる創造のために終わらせるという意味であり、終わり、無、始まり、というサイクルは自然なことです。男性性は破壊を繰り返し、女性性は創造をする。これが自然界の仕組みです。自然界で、木々が冬に葉を落とし休眠しなければ、秋に果実を収穫することができないように、すべてはこのサイクルを必要としているのです。もちろん、秋の収穫は翌年の種子を内包するように、シヴァ神の破壊というのは、単なる破壊ではなく、創造の種子を内包しているのです。

最近の研究では、原始時代では男性はほぼ三年しか家庭に留まらなかったという学説があります。これが、男が三年目に浮気をすると言われる根拠とされています。二足歩行になった人類は、他の四足歩行の哺乳類と比べると、ほぼ未熟児のような状態で子どもを出産します。そのため、他の動物とは違って、男性が三年間子育てを助けるというものです。しかし、本来の男性は動物の本能からすると、自分の遺伝子をさまざまな形で残そうとするのは自然なことなので、本質的には放蕩的です。しかし、このようなお産のシステムから家庭や集団生活を構築するようになっていったことを考えると、この自然界で唯一、法則に逆らい進化する生命体であるとも言えます。しかし、逆らったものは新たなる法則に取り込まれます。宇宙はバランスを取ろうとするからです。この繰り返しが、人類における他の動物と異なる特別な進化になります。

この元型となっているのが、宇宙の生成を司る「父」と「母」の役割なのです。しかし、宇宙を創造したのが「父」なのか「母」なのかは、大した問題ではありません。なぜなら、何を信じるかは、神のみこころによってあらかじめプログラムされているからです。誰が何を信じ、何をするのか。これらは、神の意志であり、実は我々とはあまり関係ありません。

神においては、性別は大きな意味を持ちませんが、人間にとってはなぜか大事です。基本的に性別が二種類しかないというのが原因かもしれません。世界を創った神が男なのか女なのかというのは、人間にとって大事なだけです。ただ自分たちの問題を神に投影しているだけです。ですから、私は世界の創造主が男なのか女なのかで混乱はしません。ただ、世界を見渡せば、生むのは母しかいないということです。父が種を蒔き、母が生みなす。

それがこの世界の仕組みです。

「父」が主体であった過去二千年間は、神の父性的側面が表面化していました。宇宙法則と時代の影響から、人間の側がその支配下における捉え方をしていたということです。おそらく数百年後には、ほとんどの人が宇宙を創造したのは「母」だと考える時代になっていることでしょう。なぜならば、これからは母性の時代だからです。


さらに、天地創造のはじめには、形を持たない絶対者から「父」と「母」という分裂が起こりますが、これをそれぞれ時空と捉えることもできます。空間が「父」であり、時間が「母」という考え方です。

空間が生じる前から空間の源となる「父」は在りました。ある意味で、はじめから在る存在です。もちろん空間ができたのちも、それは空間に存在しています。そして、その「在る」という状態は、時間の影響を受けなければ、そのままただ在り続けるだけです。しかし、ただ在る空間と違って、時間は生じ滅するということが繰り返され、展開を生み出す力になります。空間がただ在るのに対して、時間は流れます。そのときの流れが創造を可能とするのです。

よって「父」は空間であり、それははじめから在る絶対者と寸分違わぬ存在ですが

「母」は創造であり、すべての生みの親なのです。

これは、体験しなければわからないことです。

先に述べたように、「母」の体験は、現象体験の延長線上にあるようなリアルな現実として経験されます。こちらの主観側の意識の変容ではなく、あくまでも通常の意識を保ちながら、二人称的に私が体験するという体験の仕方をします。

それに対して、「父」ないし絶対者は、私がそれになるという主客の合一として経験されます。そこにおける体験は完全なる一人称的経験です。もちろん、私の意識はハイブリッドなので、「それを私が経験している」ということを、傍に追いやられながらも観察している通常の私の意識も同時に存在しています。当然のことですが、この傍らに追いやられた通常の意識がすべての目撃者なので、これのお陰で、一切の経験は記憶されるのです。さもなければ、この絶対者との合一という経験は記憶されることはないでしょう。

さらに厳密に言うと、合一という表現がまた曖昧でもあるのです。なぜならば、その経験は合一とも言えますが、譲り渡すとも表現できます。

そもそも、私という存在は私のものではありません。この肉体の所有者は私だと人間は錯覚していますが、絶対者が顕れると、本来の所有者が誰だったのかを悟ります。そこで、当然、迷うことなく所有者に明け渡そうとするわけですが、なんとしたことか、その所有者が同居を申し出てくれるわけです。こちらからしてもそれは大変有り難い話です。

こうして、ハイブリッドになるわけですが、これは私の経験なので、他の人がどうなるかはわかりません。あらゆるケースが存在すると思うので、すべての人がこうなるとは限りません。なぜならば、絶対者に不可能はないからです。我々が不可能と思うとき、それは我々の思考の限界を意味しているのであり、人間にとっての不可能です。しかし、神は我々人間の不可能を完全に超越しています。私はこのように経験し、かれこれ二十年以上、絶対者との同居を続けています。

さらに、同居をしてはじめて気づくことがあります。考えてみてください。人間同士でも、部屋にひとりきりで生活しているのと、誰かと同居しているのでは、意識のありようは全く違います。ひとり暮らしをしていると、他者に気を遣うこともなければ、どう見られているかというような、自己の客観視も起こりません。しかし、この経験は同居のあり方を客観的に観察する自己を芽生えさせるのです。

しかし、これに対して「母」の体験というのは、全くもって普通に他者を体験するようにして起こります。もちろん、「絶対者の経験」というのが起こっていないと、これはわかりにくいことかもしれません。

「母」はこの世界を、マーヤというマザーシャクティ（力）によって創造します。そもそも、原初のマーヤが生じることで、絶対者の「父」と「母」への分裂が起こるわけです。これは法という法則がそうさせているのだと考えられますが、法則によって原初のマーヤが生じ、そこから神は「父」と「母」に分裂し、この分裂は創造と破壊という相矛盾したカオスを生み出します。この二律背反は反発し合うことで、ひとつに戻ることができないという宿命の中、さまざまなものを生み出します。はじめに創造されたものが何なのかは見当もつきません。聖書で言われるように天使たちなのか、多神教で言われるように神々様なのか、それとも、この世界の基盤となる時間と空間なのか、我々は知る由もありません。順番はどうであれ、これらが創造されることで、すべてが始まったわけです。しかし、あくまでも世界の基盤となっているのはマーヤという無知、矛盾ですので、この世界がその矛盾に曝されるのは必然的だということです。

この二律背反はバランスの上にしか成り立たないので、片方にバランスが傾けば、必然的にバランスを取るような出来事が起こります。これによって正と負のバランスは必ず取られるということなのです。

マーヤは我々にさまざまな誤認をもたらし、不幸の原因になりますが、そもそも、このマーヤがなければ、世界もないということなのです。我々の存在はマーヤによって成り立ち、マーヤの中で生き、マーヤの中で死んでいくのです。マーヤとともにあることが、人類の定めなのです。そして、この循環から逃れるためには、恩寵を必要とします。恩寵によってこの仕組みの一切が理解されると、我々はこの循環するサイクルから脱することができるのです。

人間の認識は矛盾を嫌います。論理性が頭を納得させるわけですが、これはあくまでも三次元世界限定なのです。それより上の次元ではこの論理性は通用しなくなります。真実は三次元上の現実ですが、真理は三次元を超越しています。真理は、混沌という相矛盾し合う性質が矛盾しながらも均衡を保っていることです。そしてそれは、そもそも一元を基盤にしているからこそ可能になっていることであり、二元を基とするならば、均衡は保てません。

絶対者の存在が基本にあるからこそ、すべては可能になっているのです。この世界というのは、真理とマーヤの二重写しの世界だということです。

「母」はこのようにして、マーヤを使うことで世界の創造を行うわけですが、なぜ世界を創造したのでしょうか。私はかつて神にこの問いを投げかけたことがありましたが、返ってきた答えは、世界の存在理由は神の問題であって、私の問題ではないというものでした。私は深く納得したので、それ以上問いかけはしませんでしたが、これを「母」のレベルまで降ろして考えると、愛ゆえなのだ、と理解されます。

何度か述べていますが、神の世界に、この世界の元型が存在しています。答えは常にそこにあるのです。そう考えれば、「母」の創造は人間にとっては子作りの元型なのです。生物学的にはＤＮＡ、すなわち子孫を残す役割であり、子どもを望むようにプログラムされているのだと考えるでしょう。

そして、人間というのはそういった本能にプラスアルファが働かないと、行動しません。女性がなぜ子どもを望むのかといえば、心のレベルで考えれば、まずほとんどの女性は愛により子どもを望むのだと思います。

女性は愛により子どもを望み、出産し、愛によって育てていくのです。まさにこの元型が「母」の創造だということです。

3 宇宙を支配するバランス

この宇宙は絶対的なるバランスで保たれています。

創造もバランスから生まれてきますが、維持となると、さらなるバランス力が要求されます。世界はあらゆるレベルでバランスが取られているということです。

個人、家族、地域、国家、地球、これらはそれぞれのレベルでバランスが取られつつ、さらに全体でもバランスが取られます。ですから、もしバランスが乱れるような出来事が起これば、当然修正されます。必然性という絶対的な法則に基づき、バランスは取られているのです。

しかし、完璧なるバランスがただ取られているだけでは、展開は起こりません。物事の展開というのは、常に右へ左へと揺さぶられることで起こるものです。ですので、ただバランスが取られているわけではなく、揺れながらもバランスが取られていくという、ものすごい仕組みが存在しているのです。

これは「みこころ」ですので、神の管轄で行われており、神も「父」と「母」というバランスでこれに対応しているのです。よって、人生で起こるあらゆる出来事は完全なるバランスのために起こっていることであり、すべてはコントロール下で起こっていることです。さらにすごいことに、我々がその経験を通して学ぶように仕組まれており、その学びが次に起こることへの条件となっているのです。どこをどう切っても「完璧」以外に出てくる言葉はありません。

「父」におけるバランスの取り方は自動的であり、勝手にバランスが取られていきます。それに対して「母」におけるバランスは手動のようなニュアンスです。

「父」の働きは常に唯一であるため、分裂したものは元に戻ろうとします。しかし、これでは世界は展開しません。そこで、「母」は生じたものが元に戻らないために、それと対極のものを生み出すことでバランスを取るのです。これを繰り返していくと、ものすごい数のものが生み出されていきます。その結果が、このマーヤが溢れかえっている世界なのです。

例えば、神から善が生じると、「母」はそのバランスを取るために悪を生み出します。智慧が生み出されれば、無知を創りだします。愛が生まれれば、憎しみを生み出します。それが生じ、維持されるためには、時として無用なものを創り出さなければならないのです。愛が我々にとって学びの課題であり、それを必要とするため、愛が在り続けなければなりません。そして、そのためには憎しみが存在しなければならないのです。

4 プログラムされている「母」への想い

誰でも、母のあるべき姿というイメージを持っていると思います。そのイメージは「母」の元型から来ています。しかし、その「母」のイメージがあまりにも完璧なため、我々は母親への落胆を体験します。

例えば、イエスは母マリアの愛を受けてまっすぐに愛となり、教えも愛を基本としたものになりました。しかし、ブッダの母親は出産してすぐ後に亡くなりましたので、母の愛を受けずに育ちました。これもそれぞれ、「みこころ」が働いているわけですが、ブッダにおいては母親の愛を受けずに育ったことで、半ばグレてしまうわけです。本来は父王の後継ぎという役割を担っていながら、その流れに反発するのですが、すべてに対して穿《うが》った見方をし、素直ではない性格で育ったのです。そして、人生とは何なのかを考えるようになり、生老病死に辿り着いたと言われています。

これが仏教の見方ですが、私の見方からすれば、ただ母親の愛を得たいけれども、既に得られない状態であったからだと思います。誰からも得ることができない中でヤショーダラー妃と結婚し、子どももまでもうけておりながら、子どもがまだ幼いうちに出家をする。

これは、人間として考えれば人でなしです。皆さんの周りにこんな人がいたら、責めるのではないでしょうか。私が思うに、もし、ヤショーダラー妃に強力な母性があり、母性的な愛でブッダの心の欠乏を補うことができたら、事態は変わっていたかもしれません。しかし、そうなると仏教が興らなくなってしまいますので、そうは行かない「みこころ」があったのでしょう。神はブッダに対して、愛によらぬ結論、つまり、智慧としての悟りを体験させ、智慧の宗教を創りたかったわけです。

もちろん、ブッダは最高の悟りに到達することによって、人間レベルではない愛の状態に到達します。

愛に恵まれ、愛によって導かれることは生まれによって決まってしまうので、それを与えられていない者が愛の道を歩むことは困難です。しかし、智慧の探究は誰にでも行うことができます。母親がいようがいまいが、愛があろうがなかろうが、智慧の探求は愛という前提を必要としません。そして、この結論のためにすべては仕組まれていたのです。

宗教にはそれぞれ存在する意味があります。

開祖が存在する宗教では、仏教が智慧の宗教であるなら、キリスト教は愛の宗教です。これに対してユダヤ教やイスラム教は、信仰を主軸とした人間社会を築くことに重きが置かれています。それぞれに役割があるのです。

ブッダというと悟った人、という認識を多くの人は持っていると思いますが、「みこころ」という視点から見れば、ブッダの存在意義は結果的には仏教を興すことになったということです。人類史を見ればわかるように、他の宗教同様、仏教はこれまで数えきれないほど多くの人々を救済してきました。これが、地上における仏教の役割なのです。

ブッダにとっての悟りは、彼自身の問題解決の答えであり、あくまでも自己を完結させるための通過地点です。特別な「みこころ」が用意されている人間は、普通の人と違って人生が二段階になります。普通は「生まれて、死ぬ」人生ですが、ブッダのような人間は「生まれて、悟って、使命を果たして、死ぬ」ということになります。悟りとは、それまでの苦しみとともに生きてきた自我が死ぬことであり、ゆえに、悟りは「死ぬ前に死ぬことである」と、表現されるのです。

悟りののちは、生きながらにして生まれ変わり、そこで得られた理解を基に教えを説きます。そして、最後に肉体の死を迎えることになります。つまり、二回死ぬことになります。

ブッダにとって悟りは、教えるべき内容を理解するための重要な体験ですが、神からすれば、これらすべての体験はブッダ自身に仏教を興させることを目的としています。また、別の視点からブッダの悟りを捉えると見えてくるのは、母親の愛を受けられずに育ったブッダの精神が、智慧によって変容したという事実です。

この世界では、愛を受けて育たなかったことによって、愛がないという試練を受ける人々が多く存在しています。ブッダが到達した智慧の完成は、これらの愛の試練を受けている人たちを、智慧によって救う貴重な教えなのです。この智慧による救済というのは、ひとつのモデルケースとなります。多くの人がこの道によって救済へと導かれる仕組みになっているのです。

私たちには母親に対して求める基準があります。それは、完璧な存在としての母、つまり宇宙の母なのです。しかし、その完璧さと比較するということは、我々からすれば、どのような母親でも、宇宙の母から比べればすべてマーヤということになります。我々が満足のいく愛を与えてくれる母親はまずいないと思います。宇宙の母への想いを母親に求めてしまうのは仕方のないことかもしれませんが、このギャップが我々の心にトラウマを与え、その人間のひねくれが個性を作り出し、その人の人生、または使命を決定していく仕組みになっています。

果樹などの樹木が成長するときに、果実を収穫しやすくするために、真っ直ぐ上に伸びる主枝を切る芯止めという作業を行います。樹木は放っておけばどんどん上に伸びていきます。芯止めをすることで、上ではなく横に成長するように促すことで、果実を取りやすくできるのです。人間も、産まれた瞬間から成長するべき方向に成長するように、さまざまな試練がやってきます。この代表格となるのが両親であり、特に母親のあり方はこの芯止めの作業に似ています。母親がどのような人間なのかによって、子どもの性質の方向性が決まっていくのです。

これはすべて必然的であり、必要なことなのです。人生には恨めしい出来事がたくさん起こりますが、それをどう智慧に変換できるのかが成長のポイントとなります。

人間は自分に起こる出来事に最善を尽くす努力をしています。しかし、そのポイントがずれていれば、せっかくの努力も骨折り損に終わってしまいます。

大切なのは人間のレベルではなく、神のレベルにおいて解釈をすることです。

イエスは「右の頬を打たれたら、左の頬を差し出せ」と言いました。これは、文字通り「やられたら、さらにもう反対も差し出せ」という意味での理解では十分ではありません。相手に対してのことではなく、この機会を作ったのは神なのだから、神に自分を明け渡しなさいという意味です。それは、反対側の頬も差し出すということではなく、神に抵抗するなという意味です。相手に差し出す必要はありません。正しく状況が理解できているならば、打ち返すことすら神は赦《ゆる》します。打ち返すか打ち返さないかということが問題なのではなく、どれだけ神の意志と自分が一体となっているかです。起こる出来事を、脳ではなく魂で理解することです。そうすれば、なぜこれらのことが起こっているのかが理解されてきます。

すべては完璧なのです。根本のレベルで正しい神の理解がなく、誤った神の理解をするならば、それは「母」の怒りに繋がることであり、災いが終わることはありません。何かが間違っているのです。その何かを見つけることが、我々がなすべきことです。

5 マザーアタック――「母」の叱責

宇宙の母との繋がりが深い人は、マザーアタックと呼ばれる「母」の叱責をたびたび経験します。これは、実際には必然性における軌道修正の働きによるものです。

この「母」による軌道修正と、「みこころ」、すなわち必然性は一見矛盾します。

この三次元の世界は努力を必要とする次元です。真理は努力とはかけ離れたところに存在しており、すべては完璧な状態で存在しています。これは次元が異なることでこのように見えているわけです。我々はこの次元に存在する限り、努力をしなければなりません。この宇宙はカオスですので、人間の理解では相矛盾するベクトルがあるのは仕方のないことです。

これは頭で捉えようとしても失敗します。体感することです。この結論を受け入れ、あるがままになることで、思考を挟まなければ受け入れられることです。常に障害となるのは論理的な思考なのです。

この無努力と努力のそれぞれが、智慧と無知という状態に関連しています。本来、絶対者の状態にあっては「あるがまま」であるため、智慧や無努力は認識されません。しかし、この世界はマーヤを基としており、そこでは無知や努力が生じます。それにより、智慧や無努力という認識が生じるのが相対関係にあるこの世界の相対原理です。

マーヤと無知と努力というこの世界の性質は、唯一である絶対者と相対関係にあり、この世界はすべて、マーヤ的に展開していく定めがあるのです。たとえ答えが無努力であったとしても、無為に陥ればこの世界に存在している意味そのものがなくなってしまいます。

そこで、目覚めた、ないしは目覚めかかっている人間に、「母」は顕著に現れ、「正しい行為をせよ」と促します。無為に陥ると、「母」はその人間に行為せよと働きかけてきます。これが「母」の叱責です。

またその反対に、目覚めた人間、つまり覚者が行為をするとき、目覚めているがゆえに、出来事を変えてしまう可能性があります。実に自由意志を持つのは覚者だけなのです。

人生は選択の連続です。瞬間瞬間に選択をしていると、選択が存在することを疑わなくなりますし、自由意志があると錯覚してしまうのも無理はありません。これは確かにその通りで、この次元では選択の連続が存在しているのです。しかし、そこには真理はありません。この三次元の世界に存在しながらも、さらなる高次元で意識が働かないと真理には辿り着けません。

例えば、金魚は水槽の中を自由に泳いでいるつもりでも、人間に飼われているだけです。金魚の悟りは、ここは金魚鉢の中であり、我々には意志はないのだと悟ることです。飼い主の愛を喜びとして受け取るしかないのです。自然界の金魚ではあり得ませんが、人間に飼われることで、うまくいけば何十年も生きられます。

三次元世界ではひたすら選択の連続が起こっており、物事は偶発的に起こるようにただ見えているだけです。さらなる高みから見渡せば、すべては絶対者の意識の中に存在しており、完璧なるプログラムによってすべてはコントロールされています。

現実では、すべてが儚《はかな》く見えます。しかし、霊魂の世界では、人は死なず、霊界で過ごしたり、また生まれ変わってきたりします。

人間が存在する限り、そこにあるのは儚さではなく、繰り返される人としての成長と愛の経験が存在しています。そして、それよりもさらに上に、すべてが完璧である絶対の境地が存在しています。そこでは、これら一切の出来事は神の中で起こっていることであり、どの瞬間をとってもすべて完璧なのです。

人間は三次元の世界に生まれ、三次元の世界で育ちます。ゆえに、三次元的な見方でしか物事を捉えられないのは当然です。そもそもそれを打開するために宗教や信仰の世界は存在しているのです。生まれた環境に、三次元世界を超えるような下地が存在していると、我々は世界を高次から観る訓練を子どもの頃からすることができます。本来はそういうものです。

例えば、昔の人は夜には夜空を見上げて過ごしていたという話をよく聞きます。昔は電気もないわけですから、暗くなると炎の揺らぎや星空を眺めながら夜の時間を過ごしたのです。夜に星空を見ながら過ごしていると、とても不可思議な感覚に陥ります。この怖いような感覚は、ある意味で神秘の扉が開く感覚です。

人間は宇宙に意識を向けると、意識は宇宙と共感するので、意識の拡大が起こります。そして、この感覚が、宇宙的な視点を育ててくれるのです。たとえ三次元世界を超えられないとしても、三次元世界を超える糸口を経験するということは、大変重要なことなのです。

しかし、今や、どの宗教も形骸化してしまい、三次元を高次元から観る視点を養うどころか、他の宗教との違いや戒律に沿った三次元世界での生き方など、マーヤ的になりすぎてしまっています。これでは、本来の宗教の面目は丸潰れです。

宗教が教えなければならないのは、三次元を超越することです。三次元を超え、高次元で意識を働かせることで、すべては完璧であると知り、この三次元世界というマーヤによって創られた世界を超越することです。

我々には自由意志があると錯覚する自由意志があるだけです。

では、目覚めた意識はどのように世界を捉えるのでしょうか。

単純に、神、絶対者との合一を果たした者は、神と同じように意志を持つと考えられています。

これは必然性の理解と関連し合っています。

必然性を理解すると、暗闇に明かりが灯る感覚です。見えるようになることで、目覚めた人間は必然性の理解に基づいた行為をします。しかし、それは必然性に基づいた意識的行為なので、プログラムを変えてしまう可能性があります。簡単に言うと、無自覚な人間は自覚がないがゆえにプログラムの制御を受けやすいということです。

これは、例えばテクノロジーの進化で、車の自動運転が当たり前になると、車が勝手に目的地に運んでくれるため、ドライバーは運転をしなくなります。この仕組みと同じで、必然性というプログラムに人間は自動的に任せているので、いくら自由意志があって、自らが選択していると考えていたとしても、この自動システムに委ねていることには変わりありません。

しかし、意識が目覚めていると、このプログラムされた道より近道があると思うと、自動運転を解除して自分で運転します。このようなことが目覚めた意識では起こってしまうのです。そうなると面倒なことが起こるため、目覚めた人間は基本的に意志を使わないことに気を配ります。しかし、目覚めてなお、行為をするよう定められている場合は、「母」の働きかけが起こります。目覚めた人は、必然性のプログラムを壊さないように注意しながら行為しますが、それがかなわない場合、「母」が正しくプログラムへと軌道修正をさせます。これが「叱責」という現象として現れるのです。アドヴァイタとドヴァイタの行為に関する規範が異なるのはこういった意味合いもあるのです。

スーフィーの寓話の中で、ある男が川で溺れている修道士を助けようとしたところ、その修道士が「放っておいてください。すべては神のご意志のままに」と言って流されていくという話があるのですが、この話に集約された意識のありようです。修道士は助かってはいけないとわかっていたので、あえて泳がなかったのです。泳いで助かるということは、必然性を曲げてしまうからです。

もし、これが普通の人ならば、助かろうと必死に泳ぎます。その行為の結果として助かるのも助からないのもプログラムですが、修道士の場合は結末をわかっているので、自力を一切使わず、みこころにのみ委ねたのです。

しかし、目覚めた人でもいきなり溺れると一瞬焦ると思います。私なら焦ります。そんなときに「母」は現れて、行為しなさいと言うかもしれませんし、行為してはならないと教えるかもしれません。どちらが正しいかはプログラム次第です。

この世界はたくさんの目覚めていない人間の意識で成り立っているので、目覚めるということは、必然性の流れに逆らうことでもあります。宇宙のシステムは目覚めようとする人間を再びマーヤによってシステムに取り込もうとします。

これは、人間の出産のシステムとよく似ています。なぜ人間が存在しているのかといえば、他の動物と同じく、種を繁殖させるためです。この自然界の摂理は、種を増やすことにあります。恋愛も結婚も家庭も、単純にその目的は繁殖ということに尽きます。人間の場合はここに意味を持たせ、人生を意義あるものにしようとしますが、単純に言えば、増やすことで生物学的本能が満たされるのです。

もっとも、今の時代は少し様子が異なっているように見えます。これは人口増加による弊害が出てきているので、自然界は繁殖にストップをかけていると考えられます。もちろん、それもすべては絶対者のプログラムということです。

この「増やす」というプログラムが働いているところが、マーヤによる働きです。「唯一」という状態から、増えれば増えるほどかけ離れていく。ゆえに、減りそうになるとマーヤは再び増やそうとするのです。つまりは、目覚めようとする人間を元のマーヤに引き戻そうとする力が働くということです。

この仕組みは宇宙全体に張りめぐらされた法によっており、陰陽の法則でもあります。

人生では、完璧なプログラムが働いていて、起こることには意味があります。それらは、あるべき姿へと我々を導く道標です。それは時として過酷な体験となります。愛する人を失った経験から医師になったり、救助をしてもらった経験からレスキュー隊員になったりするかもしれません。これらの経験は我々があるべき姿へと成長するための必然なのです。

時に「母」の導きは過酷と感じられるかもしれません。しかし、我々には必要な経験なのです。

「母」の恩寵を受けていると、再び眠りに落ちそうになるところで、起こしてくれます。それもまた、怒られるというニュアンスで感じられるかもしれません。

いずれにしても、「母」は目覚めた人間を正しい道に導くために、あらゆる手を尽くします。

なすべきでないことをなそうとしたり、なすべきことをなさないような場合、「母」は気づきを与えてきます。もちろん、内省を促すわけですから、優しい方法ではありません。しかし、これによって探求者はあるべき状態へと導かれるのです。

私からすれば、神があるべき答えで、「母」は常にそこへと引き戻してくれる存在です。

神の存在は恩寵そのものですが、何もしません。しかし、「母」は私が神の存在と共に在れるように、手取り足取り導いてくれています。

絶対者とこの世界、知と無知の中間に存在し、我々を導く。それが「母」の存在です。

Ⅲ　マーヤ

マーヤとは、真理や真実を誤認させる作用です。これは、「母」の世界の創造に欠かせない要素であり、この世界で生きる限り必然的な要素です。

例えば、我々の世界では物事が成長するためには時間が必要です。時間は「母」の性質であり、時間経過は我々に成熟と喜びを与えてくれると同時に、老いや劣化など、悲しむべきものも与えます。この二律背反はマーヤ特有の性質なのです。

人類ははじめからマーヤに囚われているわけですが、「マーヤ」としてマーヤが認識されると、マーヤのニュアンスは変化します。マーヤとして認識されていないうちは、あらゆる現象は現実となり苦しみとなります。しかし、マーヤという言葉の認識が意識に生じると、我々は現象をマーヤとして認識するようになります。そうなると、苦しみがあるのではなく、マーヤがあるという認識に変化します。これは大変大きな変化であり、マーヤという認識が思考上に生じるということは、錬金術なのです。なぜならば、人生におけるあらゆる良いことも悪いことも、すべてマーヤとして認識できるからです。ただ、マーヤがあるのです。

過去、あらゆる聖賢は世界をマーヤとして見ていました。それに対して一般人は現象を現実として見ているのです。この聖賢の智慧の視点こそが、マーヤを看破する視点なのです。

マーヤはこの世界の存続には最も必要な要素ですが、マーヤによって人間は無知になります。その作用のいくつかを見てみましょう。

1 世界の誤認

まず、誤認というのが、最も大きなマーヤの作用です。この誤認によって、現象を現実と思い込み、究極なる存在を見失います。しかし、この結論とも言える答えを見失うことで、我々は輪廻転生《りんねてんしょう》を繰り返すわけですから、人類存続のためには必要な要素なのです。もし、世界がマーヤによって誤認されなければ、神の存在は明確であり、それによって人類は簡単に解脱してしまいます。人類が解脱してしまうと、せっかく神がこの世界を創った意味がなくなってしまいますので、この誤認というのは世界を存続させるためにも必要なプログラムだということです。

しかしながら、世界のあらゆる場所で、過去のあらゆる時代に生きたあらゆる民族が、神や神秘的なものを信じていました。これは、昔の人はすべてにおいて感覚が敏感だったからだと思います。今でもアフリカなどの国では、視力や聴覚が、我々とは数倍も優れていることが確認されていますので、昔は日本人でもこれら五感の働きは現代人とは比べ物にならないぐらい優れていたと考えられます。これらの感覚の敏感さの中には、霊感のようなものも含まれていると思います。私の経験からしても、発展途上国の人や、日本でさえも私が若かった頃に出会った何人かのお婆さんの霊能者は、大変優れた力を持っていました。近代化とともに失われていっている能力は、間違いなく甚大です。特に、現代ほど信仰が失われている時代はありません。多くの人は科学の発達により知能が発達したことで、迷信を信じなくなったと考えるかもしれません。しかし、私は超自然的能力の退化だと考えています。それを、文明とは程遠い辺境の地の人々が今でも証明してくれています。

しかし、感覚が鋭敏で見えざるものを見る能力と、絶対者を理解することは異なります。いくら見えないものが見えたとしても、絶対者の理解に必要な解釈をする識別力がなければ、絶対者を理解できません。自分の人生の目的を理解することも難しくなります。

過去の時代には、神秘的なものを感じ信じる能力が与えられていました。しかし、その時代の人間には神を理解する能力は与えられていませんでした。それに引き換え、現代人は神秘を体験する能力は与えられていません。その代わり、絶対者を理解する頭脳が与えられているのです。この部分は進化になります。この両方が伴うならば、我々は究極の進化を遂げることになるでしょう。人間の歴史というものも、過去の人間像を現代人の感覚で捉えているのは正しくないかもしれません。

さらに、歴史を見ていると、必然性はあらゆるところで展開しています。人間の人生も何十年と生きてはじめて必然性を理解するのと同じように、世界はもっと大きな尺度で見なければなりません。百年、千年という大きな枠で捉えてはじめて、世界の必然性は見えてきます。今の一部分を切り取ってみるだけでは完全性は見えてきません。

2 自己の誤認

次は自己の誤認です。

我々の第一の誤認は、自己に対する認識の誤認です。「私」という存在は、絶対者と同一であるにもかかわらず、私という個別の存在が存在していると勘違いしているのです。

さらに、我々はマーヤに侵されることで、あらゆる行為が必然性から来ているにもかかわらず、自分が行為していると錯覚しています。また、その行為に対する結果をジャッジするという誤認も加わります。その結果、自分や他人を責めるという、おかしな状態に陥ります。

とにかく、マーヤは思考のあるところには常に付きまとっているので、考えることは、やることなすことすべてがマーヤになると思っておいて間違いありません。

マーヤは我々の思考上に存在するといっても間違いではありません。このあたりの兼ね合いはケースバイケースでもあり、一概には言えないのですが、魔が心のエネルギーを悪用するのに対して、マーヤは思考の中にあります。魔についてはのちに説明していきます。

例えば、砂浜に穴を掘っても打ち寄せた波がその穴を埋め、元通りにしてしまうように、マーヤや魔の作用はこの世界において突出した現象を元に戻すために働いています。我々にとって悟りや神の認識は突出しています。この突出した現象を元に戻すために、宇宙はマーヤとして作用してくるのです。

我々において生じる思考の反応は、子どもの頃から刷り込まれていたり、学んだことが人の理念として形成されたりすることで生じます。しかし、その理念はマーヤです。あらゆる思考の鋳型である理念や思想はマーヤです。人間はパターンにはまることで楽になるという部分があります。パターン化されたものは、想定を生み出し、想定化されることで安心を得ようとします。多くの人の考え方が同じだと、自分は間違っていないと自分に言い聞かせることにもなります。

思考が生み出す不安要素は、数えればきりがありません。そこにあるのはマーヤなのです。我々が日常的に抱えている心配事は、すべてマーヤなのです。これらの思考が頭をぐるぐる回り、我々のフォーカスを真実から逸《そ》らしているのです。真実とは必然であり、すべては絶対者のプログラムが実行されているだけなのです。ですので、ただそれに委ねるだけです。

子どもが結婚しないのも「みこころ」であり、就職しないのも「みこころ」であり、不登校なのも「みこころ」なのです。お金が足りないのも、病気になるのも、すべてはその必要性があってそうなっているのです。そして、このマーヤの輪が断ち切られると、我々は全く異なったものの見方ができるようになります。もしかしたら、断ち切られることで、今まであった現象が消滅するかもしれません。もしくは、そのままあったとしても、すべてが必然として見えるようになります。これは、そのように見る努力をするというような問題ではありません。そのように見る努力をする必要すらないのです。ただそのように見えるようになり、このように見えるようになることで、マーヤを超越できるのです。

ひとまず、皆さんにできることは、まずマーヤという言葉を受け入れることです。自分の認識にマーヤという言葉を受け入れることで、マーヤという認識が生まれるのです。あとは、それを育てていけば良いのです。見るもの、聞くもの、考えたこと、それらを「これはマーヤなんだな」と認識していくことで、この認識は成長していきます。認識することで理解を生みます。

仏教では、目の前の物を指して「ない」と認識する訓練が過去からなされてきました。例えば、目の前に病気が「ある」と認識しているから、あるのです。ところが、仏教では、それを「ない」と認識する。これは間違ってはいません。しかし、人間の認識機能は、「ある」ものを「ない」とすることは大変難しいことなのです。自分を騙しているにすぎないように思えてしまうのです。ゆえに、なかなか効果が出ないのです。

しかし、これを「マーヤがある」と認識すると、より簡単になります。病気がないのではなく、病気はあり、マーヤも同時にあるのです。なぜかというと、もし、病気があっても幸福ならば、当人にとってはなんの問題もないのです。「病気が困る」と考えているのはマーヤなのです。病気もあり、マーヤもあります。「マーヤがあるんだ」と観念することは難しいことではありません。「病気がない」と思おうとするよりも、はるかに簡単です。そして、この理解に立つと、必然性も理解することができます。「私がこの病気になったのには理由があるんだ」と、理解されます。このような肯定的な思考の積み重ねが大切なのです。

代表的なマーヤは、他との競争や比較です。人間は他との競争や比較によって自分の能力を測ります。しかし、この方法で測られた能力は、自己否定を生み出したり傲慢を生み出したりします。これらはすべてマーヤです。我々は生まれながらに個性を持っており、その個性に自信を持って、自分を他と比較することなく、自由に生きて良いのです。これらはすべて思考上に存在するマーヤです。否定すべき自分というのは存在していません。

以下、さらに詳しく見てみましょう。

3 宗教や思想の中にあるマーヤ

あらゆる宗教や思想は、人が歩むべき道を指し示してくれるとともに、豊かな人生を歩むために先人が構築してくれた道標です。しかし、これらの思想も場合によってはマーヤになります。

思想が思想として成り立つのは、他の思想との明確な違いです。すなわち、思想とは他の思想を否定することで思想として成り立つ宿命を負っています。この、常に他の思想を意識しているというところが、既にマーヤです。他の思想との比較、競争はマーヤ以外の何ものでもありません。

また、自分が信じる思想も、大部分においては問題がなくても、その中には追従《ついじゅう》できない考え方もあったりします。人間はひとつの思想の信奉者になると、その思想のすべてを受け入れなければならないと、マーヤによって勘違いしてしまいます。人間は皆、個性を持っています。ですので、合う部分と合わない部分があって当然です。合わないからといって自分を責めたり、その思想を止めたりする必要はないのです。ただし、ここで負けない自我を持ち合わせている人は、合わない部分を自分なりに改良することで、分派を作り出すことも起こります。

特に、この思想への固執というのは、人間にとって大きなマーヤです。多くの人は宗教が戦争をすると考えますが、厳密には、宗教というよりその思想によって相争うわけです。これらは、マーヤから生じる思い込みによるものです。

特に、宗教では戒律によって全信者をまとめようとします。戒律とは、牧場の羊の柵と一緒です。羊たちを群れから逸脱させないように管理するのが目的です。人間は、戒律を守らせることによって、自主的に柵の中に入るように促すのです。もちろん、戒律の中には自己を戒めるためのものも含まれますが、宗教とは集団ですので、上の者には管理能力が必要となります。下の者たちに戒律を守らせることで、管理がしやすくなるのです。

戒律とは日常の行動規範となるものが主ですが、これらもマーヤです。仮に、無努力で戒律に従える人間には、マーヤが少ないと考えられますが、努力してもうまくいかない人は戒律を守ることが苦しくなります。こういう場合は完全にマーヤに乗っ取られてしまいます。

こうして書いてくると、宗教や信仰はあまり良いものには見えなくなってしまいますが、実際は信仰と共に生きてきた人と、そうでない人では、歳を取ったときに大きな差が出ます。信仰と共に歩んできた人は、ほとんどの場合自己の人生を受け入れており、マーヤを超越できていたりもします。

社会というものも、思想によって成り立っています。民主主義とか社会主義など、国家のあり方というのも思想を基としています。そういう方針に則って国造りをしていくわけです。当然のことながら、羊の柵ですので、国民に主義を植え込みます。これもマーヤです。

また、その国の物事の考え方や風土と自分の相性があまり良くないと感じる人は、旅人になるケースも多いと思います。国との相性が良い人は、その場所が心地良いのです。しかし、合わない人は、直感的にそこから出ていきたくなるものです。そこから居場所探しの探究が始まるわけです。この場合、私のように辿り着くべき場所が神という結論の場合もあるでしょうし、出会うべく人と出会うための旅かもしれません。もしくは、辿り着くべき場所があるのかもしれません。いずれにせよ、旅人は何かに促されて旅立つのです。

もしかしたら、イタリアで自分の居場所を見つけるかもしれませんし、スウェーデンで見つけるかもしれません。それは、自分にとってその国や社会のマーヤが薄いから居心地の良さを感じると同時に、その土地特有のマーヤに馴染みを感じるということもあります。なぜならば、その土地に来る必然性があるからです。

日本の国内でさえ、地域の繋がりが強い場所と弱い場所があります。都会生活で人に疲れ、人とあまり関わりたくないと田舎に引っ越したら、地域のコミュニティが強く、ノイローゼになる人もいます。逆にそういうコミュニティで育った人が都会に出てきたら、あまりにも人の縁が薄すぎて故郷が恋しくなるということもあります。

何が正解なのかではありません。人間はマーヤの影響で、その時々によって考え方や感じ方が変わります。考えが変わるのはマーヤの影響であって、自身の考えが変わることではありません。本来の我々は、より寛大なる心を持ち合わせているのです。

宗教や思想を持つことは間違いではありません。必要なのはマーヤに気をつけることなのです。

しかし、これもまた「マーヤに気をつけなければならない」という固定した考え方になってしまうと、その考えにもマーヤは入り込みます。とにかく、あらゆる思考とともにマーヤは常にあるので、「マーヤ」という自覚を持っていることが大切です。

4 家庭内のマーヤ

家庭内においても、マーヤはさまざまです。同じ遺伝子を共有しているとはいえ、人間はそれぞれが個として機能しています。ゆえに、考え方や行動パターンは人それぞれです。たとえ他人には配慮ができたとしても、家族となると、各々の思いをダイレクトに表現するので、喧嘩をしたりするのは当たり前のことです。

しかし、この関係性もマーヤによってさまざまな変化をしていきます。当然のことながら、家族の構成は必然性によって計られていることであり、なるべくしてそのようになっているのです。

川が蛇行するのは、必然性によります。硬い地盤があれば、川は方向を変えます。こうして軟らかい地盤をなぞるようにして川は進路を変えていきます。しかし、その状態が必然です。同様に、我々の人生はマーヤにぶつかることで方向が変わります。マーヤの連続が我々の人生という川の流れを生み出し、個性豊かな人間絵巻を創り上げていくのです。ですので、マーヤですらも必然的です。しかし、そのマーヤが生み出す混乱を除去できる方法もあるのです。マーヤという認識を持つだけで、マーヤはあったとしても、その影響を最小限に留めることができるのです。

家庭内でも、両親の不仲や離婚、破産、死別など、家族の人生そのものを左右する大きな出来事もありますし、子どもが問題を起こすなど、大小さまざまな問題が起こります。これらは、必然性によって起こることですが、マーヤも混在しています。本来、それほど悩むことでない問題でも、マーヤによって大混乱に陥ることもあります。

私の知り合いのお子さんが、自傷行為が止められずに入院をしました。お母さんは大変心を痛めていましたが、入院先で自分の子どもよりも重症な子どもたちと接したことで、うちの子どもはまだ良い方なのだと理解した途端、心が前向きになったといいます。これも、ある種のマーヤが解けた状態です。

人間はマーヤによって自分のことばかり考え、つらいつらいと言っていても、もっと不幸な人を見ると我に返るものです。客観的な視点がマーヤ解きを知らなくても、同じような効果をもたらすというわけです。昔から、「目から鱗が落ちる」という表現をしますが、「マーヤが解ける」とはそういうことです。

大切なのは客観性なのですが、人間は自分の意識の状態にフォーカスし続けることは難しいのです。この場合はマーヤが目的となるので、自分の客観的意識を保つよりも、マーヤという目的を持つ方が認識が続きやすいのです。マーヤが解けることが目的であって、客観性はそれを解くための手段です。

多くの人が瞑想をしますが、あくまでも瞑想は手段です。悟りや意識の目覚め、自分とはなんであるのかの答えを得るために、手段として行われるものです。瞑想、祈り、勤《ごん》行《ぎょう》が手段であるように、客観性は手段として取り扱われるべきものです。

5 自分とマーヤ

こうして、我々はさまざまなマーヤと向き合いますが、自分にとって一番のマーヤの原点は、自分自身なのです。私にとっての私のマーヤとは、私が存在することから始まります。

私は何者なのか？ 幸せになりたい。思いのままになってほしい。さまざまな想念が「私」から湧き上がってきます。これは当然のことであり、我々は幸せになる権利を持っています。しかし、ともすると、我々はすぐに不幸へと落ち込みます。これはすべてマーヤによるものです。マーヤは物事をありのままに解釈することをねじ曲げます。

我々の魂の本質は神の存在そのものであり、何ものによっても損なわれるものではありません。それにもかかわらず、マーヤは我々を自由にはしてくれないのです。

我々を取り巻く環境も自分自身も、マーヤの海にどっぷりと浸かっており、マーヤがあることを理解していません。これは、海洋生物が自分たちは海という環境下で生きていると認識しないのと同じです。人類も、この三次元世界という特殊なマーヤの環境に生きていることを理解していないだけです。

もしこれを理解し、必然性やマーヤの認識を持ち続けるならば、人生の見え方は大きく変化します。我々は黄金の台座に座りながら、金がない金がないと嘆いているのです。自分が座っている台座が黄金であると理解したならば、お金がないと嘆く必要性はどこにもありません。我々は自分の足元が見えていないだけのことです。


私は、子どもの頃に臨死体験によって究極の存在を体験してしまったことにより、それがないことが苦しみの始まりとなりました。そして、人生の早いうちからそれを探し求め、探究に人生を捧げてきましたが、結局のところ、答えは自分の内側で見つけられました。インドやチベットまで旅しましたが、答えは自分の内側にはじめから存在していたのです。ただマーヤがあっただけなのです。マーヤによって、それがないという錯覚に陥っていただけなのです。私の場合は、皆さんと比較すると、臨死体験というものがあったからこそわかりやすかったわけですが、皆さんも生まれる前には等しく、それと共にあったのです。

私のように、それらの体験が与えられ、課題に苛《さいな》まれ、探求をするというのにはもちろん理由があり、目的があるのです。その結果として本書の執筆に繋がるわけです。皆さんには皆さんの人生に用意されたシナリオが存在しています。我々は誰もが平等であり、世界は完璧なのです。


ここで少し、私に起こったマーヤな話をしてみます。

私が目覚めを経験したのは、一九九九年十一月二十一日です。この一週間くらい前から、ある現象が起こっていました。

ある日突然、数人の目に見えない集団が私の周りに現れました。これはかつて私が経験した幽霊や神々様を感じるということとは全く異なった、はじめての経験でした。私はこの集団に一週間近く付きまとわれました。そして、二十一日がやってきました。

私に目覚めの体験が起こっている間も、彼らは私に力を与えてくれているようでした。これを空間的に説明すると、神は天であり、真上から光が差すように私に降り注いでいました。また、私の頭頂には、数え切れない七色の光の粒が、ミラーボールが光を反射するように飛び散っていました。この強烈な光景が展開する間に絶対者の叡智のダウンロードが起こっていたわけですが、同時に、右側の耳の上あたりから異なった種類の光が注ぎ込まれていました。あたかもチューブで繋がれており、そこから私がこの神の体験についていけるように正気を保つエネルギーが注がれているようでした。

私は、これはいわゆる天使か何かなのだろうと推測していましたが、彼らに何者であるかといくら尋ねても、答えてはくれませんでした。そこで私が理解したことは、フォーカスすべきは絶対者のみであって、それ以外のものではないということでした。

私は彼らが天使なのだと理解しました。謙虚なる天使は自らの正体を明かさないのです。彼らは神に対して絶対的な態度をとっており、自分が誰なのかということは、どうでもよいようでした。

ですので、私の見解からすると、天使は自らを我々に示しません。天使を信仰することを、天使は喜ばないのです。「私たちではなく、神を見よ」、それが彼らのスタンスです。これは真に高貴なる存在ならば共通する見解だと考えられます。

現在のスピリチュアルの傾向として、絶対者がなかったり、それ以外のものを信じるという部分が少なからずあると思いますが、それはそれで絶対者の計らいですので、全く問題ありません。しかし、我々が最後に必ず到達するところは絶対者の元であることを覚えておくと良いでしょう。

いくつかのカテゴリーに分けてマーヤという見方をしてきましたが、マーヤが解けるとか、みこころを解くとかといったことを、人生の逃げ口上に使うことはできません。なぜならば、これらが解けるという現象は実に恩寵を必要とするからです。この恩寵によって解けるのでなければ、単なるセラピー的な効果しかもたらしません。私が言う「解ける」という状態は、神の恩寵によって可能となるのです。

ですので、マーヤ解きを行うとともに神を信じ、善を行おうとする決意が必要です。結果として、みこころは善ではないかもしれませんが、それはそれで、理由があることです。

Ⅳ　障害と魔境

「エネルギーマーヤ」とは、魔やそれ以外のさまざまな障害を生み出すエネルギーの総括的表現です。

例えば、神々の障り、霊障、生霊、呪いなども含めて、さまざまなものがあります。神々の障りは場所と関係していることが多く、そこへ行ったことで貰ってくることがほとんどです。これらの障りは、他者や自分以外の何かと関わることで受けてしまうことが多く、行動パターンがある程度決まっていて、変化がないような日常を送っていると、この類の障りを受ける確率は減ります。

霊障というのは、霊障として認識されると現実になります。しかし、この認識を続ける限り、こういった世界との繋がりを断ち切ることができず、障りに遭い続けます。ですので、これをいかにマーヤとして認識するかがポイントになります。「霊障はない」と認識する方法もありますが、実際にはあるので、ないと認識するのは相当難しく、瞑想などの訓練で「すべてがない」という認識に到達しなければ、難しいのです。

それよりも、「マーヤである」と認識する方が難しくありません。マーヤとは本質的に、あるものをないとすることではなく、あるものに意味がないと知ることです。このマーヤに基づいた理解をすることで、これらの障りを取り除くことができます。さらに、マーヤの理を究めれば、一切の障りは存在しなくなります。これらの障害を払い除くには、お祓いやご祈祷ではなく、自己の本質に立ち返り、マーヤを取り除くことです。自分自身の意識が変わり、高い次元で精神が機能するようになるならば、この類のマーヤは自然と脱落します。

これに対して、エネルギーマーヤを発生させる存在があります。それが魔になります。我々にとっての魔の働きは、感情への打撃が強く出ます。マーヤは意識に働きかけ、何が真実かをわからなくさせてしまうのに対して、魔は精神に働きかけてきます。精神への働きかけは感情に強く現れます。感情に現れると、怒りや苦しみ、悲しみなど、心にエネルギーを伴った苦悩として発現します。ゆえに、私は時としてこれを、エネルギーマーヤと呼ぶのです。マーヤであることには変わりないからです。

魔の中でも下級の、魔物と呼ばれるような存在はマーヤの中に存在するものですが、上級の存在になると、マーヤを創り出し、我々を混乱へと陥れる力を持ちます。神々の障りや霊障はマーヤですが、魔はマーヤを創る側なのです。マーヤを創り出せる存在は神、「母」、魔の三つの存在者になります。ここに「父」は入りません。なぜならば「父」は行為とは無縁だからです。

そもそも魔とは、神と「母」によって最初に創られた存在です。天使という存在がありますが、まさに天使の部類です。天使は被造物ですので、その存在は相対を原則としています。正と負、愛と憎しみ、などのように相対します。要するに、愛を司る天使がいれば、憎しみを司る天使もいるわけです。崇高なる神への帰依を促す存在があるならば、その反対の勢力もあるということです。

つまり、神の創造によって生み出された天使は、人間をさらなる高みへと進化させるものもいれば、このマーヤの世界に留めようとするものもいるのです。この中で、我々をマーヤの世界に留めおき、目覚めを妨げる存在、それが堕天使とも魔とも呼ばれる存在です。西洋的な表現では、サタンと呼ばれるものです。それに対して、下級の魔はデーモンと呼ばれます。デーモンは神聖なる場所や修行者には近づくことができず、もっぱら繁華街や犯罪の温床となる場所や人に巣食いますが、サタンは天使なので、神聖な場所や修行者においてもそれらと無関係に存在し、マーヤを仕掛けてきます。

これら、魔の存在は、特別なものではなく当たり前にあるものです。ところが、ひとたび我々が目覚めようと覚悟するならば、全勢力で目覚めを阻もうとして、潜伏態勢から本性を現してきます。ブッダの悟りの際には、誘惑、脅し、惑わし、さまざまな方法を取って現れました。ブッダの人生を見るとわかりますが、魔がブッダの前に出現するのは、悟りの直前です。そして、悟りの後は終生、魔との対話を続けています。ブッダが苦行している間は、魔は出てきません。なぜならば、苦行していることが、依然魔の手の内だからです。ところが、本格的に目覚め始めると、全力で妨害に現れるのです。また、目覚めた後はマーヤ的認識の世界に引き戻そうと躍起になります。

魔とはこういうものであり、我々は誰もが、その手の内にあります。神の手の内にありながらも、魔の手の内にもあるのです。我々にとって魔は、子どもの頃から慣れ親しんだ感覚なのです。いじめっ子もいじめられっ子も、そこで経験する感情の働きはすべて魔の働きによります。支配欲、優越感、その反対に敗北感、あらゆる子どもが経験するこの手の人間修行は、神によるプログラムでありつつも、現場は魔によって決定づけられます。

魔は悪であるとは言い難く、魔とは神への回帰に対する妨害なのです。この辺の感覚を明確に捉えるのは難しいので、昔の人は魔を悪として捉えた方が、わかりやすかったのだと思います。

人間の心は誰もが、良い部分と悪い部分を持ち合わせています。この心の働きは、天使の善と悪が我々の心の中で闘っていると言えるのです。これは人間として生まれついた定めなので、仕方ありません。

このように、魔というものは我々と共に常にあるものであり、ただリアライズされていないだけのことですが、この作用が魔として認識されると、その存在はたちまちリアライズされます。リアライズされれば当然のことながら、我々にとって道の探求の妨害として明確に働きます。よって、魔の存在を知らなくても障害であり、知っても障害なのです。

マーヤが意識に働きかけるとするならば、魔は精神に働きかけます。

これは、神の経験が、意識においては目覚め、智慧として働き、精神においては喜び、至福として体験されるように、マーヤは意識においては眠り、無知として働き、精神においては苦しみとして体験される相対的な経験です。この働きは相対世界においては逃れられない原理であり、すべてが対をなしています。ですので、マーヤも魔も避けられません。

魔はエネルギーの発生源である人間の精神活動、すなわち欲望や執着と関連するものが多く、これらのエネルギー源として、存在する「母」の負の面の創造と深く関係しています。このなかでも特に魔に関してはある意味で奥義的なニュアンスを含みますので、本書において取り上げるにはあまりにも難しいテーマです。ですので、概要を差し障りのないレベルで取り扱うことしかできません。

特に、世界に関しては、ある程度客観的に見ることができるので、世の中がどれほど魔の仕組みによって作られているかを理解するのはそれほど難しいことではありません。しかし、実際自分のこととなると判断が難しくなります。なぜならば、認識は既に魔の影響下に置かれているので、自分を本当の意味で客観視するのは難しいことだからです。
今までの人生におけるトラウマ的な体験や、そこから来るフラッシュバックや印象は、すべて魔の影響下にあります。我々が幸福になれないのはこの仕組みから来ています。それればかりか、ひょっとすると、今ある幸福感というのもその影響下にあるかもしれません。自己の観察を通してマーヤを取り除かなければ、本質的な幸福に到達するのは難しいことになります。

この、魔に入られることで陥ってしまう魔境という精神的レベルは、この世界のすべてに浸透しています。

このなかでも厄介なのは、我々が手放したがらない魔境です。主に欲に絡むものですが、名誉欲、金銭欲、性欲、食欲、虚栄心や慢心などは、手放したがりません。というより、これらが魔境によるものであるということに気づきたがらないという、厄介な二重構造になっています。それに対して、罪悪感や敗北感、自己否定などは早く手放したい感覚です。どちらも魔境の影響から来るものですが、前者の方により強く魔境の影響は出ています。

昔から高い精神の境地に到達した聖賢は、この世界を支配する力が魔境から来るものだと知って、隠遁をしました。聖賢が避けたように、この世界はマーヤに満ちているのです。

人間の欲望にはきりがありません。しかし同時に、人間の欲望がこの世界をここまで進化させてきたということでもあります。全体を俯瞰《ふかん》すればわかるように、これらはすべて必然的です。この「人類の進化」というプログラムを遂行するためには、人間の欲望を必要とします。人間の行為の原動力となる欲望は、はじめから計画にプログラムとして存在していることなのです。ですので、ある意味では否定すべくもないことですが、これが我々を苦しめる原因となる以上、我々は自らの自我に向き合うしかないということになります。

こうして、心そのものに生じる欲望というものを観察していると、心に最初に生じる欲望の種子は、生じては消えを繰り返しています。これは、ときには外界からの刺激として、ときには記憶から、または無秩序な雑念から生じることもあります。これらの欲望が生じた瞬間にそれらを無視し続けることができると、その種子は欲望に成長しません。しかし、そこに意識を留めてしまうと、たちまち欲望へと成長していってしまうのです。これらの発生源と成長の仕方は必然的であり、避けることのできない仕組みによって、人類を決定的に導きます。

実際の作用に関しては魔の働きが主導しています。心に欲望が生じるのも、欲望を成長させるのも、またその欲望を満たすのも、すべては必然性というプログラムと、原動力としての魔の働きがなくてはならないのです。この世界は人間の欲望の結果です。人間の欲望が今の世界を作り出したのです。

いまだ未熟な人間は欲望によって争いを起こします。戦争などは人間の未熟さが生み出すものです。しかし、さらに進化すると、人間の欲望は争いを起こさない平和を求めます。これらの進化の過程で人間は学び、成長することで、同じ欲望を持っていても、その欲望の方向性が経験によって進化するのです。これは、人間一人ひとりが子どもの頃から経験していくことと同じです。

保育園などで、小さい子はおもちゃの取り合いをして喧嘩して泣きます。しかし、こういったことを繰り返すと、自分が喧嘩して泣くというつらい思いをしたくないので、おもちゃを譲るとか、それを欲しがっている子に気を遣うとか、色々と学んでいくわけです。これは進化です。はじめは欲望というものが自己中心的に展開するのですが、集団や社会性を身に付けていくと、すべてが自分の思い通りに行かないということを理解し始めます。この理解は「ここはひとつ我慢した方が、結果として幸せになれる」という理解に繋がるようになります。結果として、人間は平和的な範疇《はんちゅう》で適当な欲望を満たすことを学んでいくのです。

このような仕組みから、我々は欲望があっても、それを人類にとっての良き進化のために利用することができます。今のこうした平和な世の中というのは、言い換えれば、人間の欲望が正しく機能した結果だということができるのです。

しかし、残念ながらひとつのマーヤ的な思想に囚われ、進化を逃し、いまだ欲望を魔境レベルでしか捉えられてない一部の人が地球上には存在し、既に人類が卒業したはずである戦争という愚行を行っているという現実もあります。これらは未発達な精神の結果であり、哀れ極まりないことです。

我々のあらゆる行為は欲望から発生します。しかし、その欲望を正しく導くならば、より良い世界を作り出すことに繋がっていくのです。全人類が欲望を超越するならば、逆に世界は停止してしまいます。それでは、この世界が存在する意味がなくなってしまいます。人間には欲望があり、その欲望が世界を動かし、進化へと転じていく。これが、人間が経験すべき進化の過程だということです。

人類は、結果的には争うことなきレベルに進化します。今地球上で起こっている争いも、世界がひとつになるための最後の争いのひとつであると私は理解しています。

こうして見てきたように、人間の欲望は必然性遂行のためになくてはならない要素なのだということです。魔の働きの結果とはいえ、必然性はこの法則を利用し、世界を展開させているのです。

欲望が必然的なものだからといって、欲望を肯定しすぎ、欲望のままに生きるというのも考えものです。何事もバランスの取れた状態が必要です。肯定も否定もせず、あるがままに放置すれば良いということです。

何にしても、養うべきは客観性です。欲望の有無に振り回されるのではなく、自己の客観性を養うように努力すべきです。マーヤにしても、魔にしても看破するにはこの客観的視点が要求されるからです。

魔は常に細部にわたって存在しているので、いかにそれを看破するかがひとつの課題となります。魔との遭遇は特別なことではありません。

誰もが感じる、突如として心に浮上する悪想念。例として挙げれば、罪悪感、劣等感、強烈な被害者意識、攻撃性、腹が立つ、イライラする、誰かをいじめたくなる、殺意、などのネガティブな想念は、ほとんどが魔の介入によるものです。正しいことを思っていても、それに従わない人がいたときに、それに対して怒るなども、過激な場合は魔に入られています。マナーが悪い、例えばこの時期だとマスクをしていないとか、電車やレストランで携帯電話で話しているとか、タバコの煙が臭いとか、こういったことも、魔に入られていなければ、自分から避ければ良いだけです。しかし、これらの暗黙のルールに対して怒り狂うのは、魔に囁かれているからです。誰よりも怒っている人が、一番不幸です。本来、人のことは気にしないことが一番です。魔に入られると、意識を乗っ取られ、どうでもよいことがどうでもよくなくなってしまうのです。

特に最近のようにインターネットが主流の時代では、誹謗中傷などの問題も多くあります。誹謗中傷というのももちろん、魔に入られた結果です。こうして我々は自分の本意ではない想念に乗っ取られ、自分ではない何かに支配され、まんまとコントロールされています。

人間の想念や心というのは、本来はないものです。しかし、心があると我々は認識します。ではなぜ、心があると認識するのかというと、そこには想念があるからです。想念がいくつもいくつも折り重なると、なかったところに何かがあるように見えてきます。紙に鉛筆で一本の線を引くと、線が一本あるだけですが、そこに何本も何本も線を引くと、線ではなくて絵が生まれます。心とはデッサン画のようなものです。デッサンはただの鉛筆の線の集まりであるにもかかわらず、我々はそれを線ではなく絵として認識します。これと同じことで、心とは本来はまっさらな画用紙のようなものです。想念という鉛筆の線が集積し、心があるかのように思わせているだけなのです。

別の例を挙げるとすると、悪臭は空気中に存在し、空気を伝って自分の部屋に入り込みます。これと似たようなもので、人の心が部屋だとすると、想念は空気です。あらゆる想念は自分の中に入り込んでくることができるのです。

想念は明らかに自分の心から出てきているように感じてしまうので、自分の思い、または欲求と感じてしまいますが、実は、先程触れたように、心というものはないので、これらは心から生じているのではなく、心があると信じている人々によって実態化されたマーヤです。しかし、マーヤもマーヤであると認識されなければ現実になるので、その現実となった想念というものは、人々を渡り歩きます。その誰かから受け取った想念が良いものであれば、周りを幸せにすることにも繋がります。しかし、これが悪い想念だと、自分のみならず周りをも不幸にしてしまいます。魔は巧みにこのような想念を利用して我々を魔境へと誘い込んでくるのです。

魔は特別なものではなく、我々は日々、そのようなエネルギーに曝されているということです。自分だと思っている自分の想いというのはそもそも錯覚であり、誤認です。自分自身の本質は想念ではなく、アートマン、すなわち神そのものなのです。

相対世界で悪をコントロールするのは、善を行うより難しいはずです。なぜならば、この世界は悪に満ちているからです。悪は細部にまで宿っているのです。

例えば、我々は電気を毎日何気なく使っています。しかし、その電力を発電するのは、火力や原子力であり、どちらも地球環境を蝕んでいます。多くの生物の犠牲のうえに成り立つ電力は悪以外の何ものでもありません。しかし、この電力は人類の進化にとってなくてはならないものです。ということは、我々人類は日々悪と共に共存しているということになります。私も電気を使います。車にも乗ります。毎日、魔の力を借りて生活しています。何も犯罪だけが魔の領域ではないのです。

今の世の中は貨幣経済が主流であり、この貨幣経済というのも魔の領域です。お金自体は単なる金属ですので魔ではありませんが、それを貨幣として動かすと、たちまち魔が支配します。お金は正しく使うこともできます。難民の救済や飢餓などを救うのもお金です。しかし、それだけの大きなお金を集めるという過程は、魔の仕事です。

天界の天使が愛を司り、善をその領域とするならば、魔は知恵であり、知恵を使って人類にマーヤという錯覚を起こさせ、誤ったものを信じ込むように促すのです。

我々は魔から逃れることはできません。大切なことは「これは魔なのだな」と常に理解していることです。これをわかっていれば、魔境で生きていたとしても、心に魔が入ることはなくなります。なぜならば、魔は魔であると認識されると、存在できなくなるからです。それを理解していない状態が魔に支配される心の状態なのです。

仏典や聖書に描かれるブッダやキリストの話を読んでも、彼らも常に魔に脅かされていたのがわかります。そのくらい、魔とは我々の世界に普通に存在する力なのです。それは特別なことではありません。常に隣り合わせているのです。

「あの人の持ってるもの良いな、私も欲しいな」「あの子可愛いな、彼女にできたらな」「あれ美味しそうだから食べたいな……」このような比較が生み出す欲求の衝動は、すべて魔によって利用されてしまいます。修行者があらゆる欲求を断じるのは、魔の手に落ちないようにするためです。しかし、魔はそんな人間の努力のはるか上を行きます。あらゆる欲求を断じようとすれば、「断じていることができている」ということに執着させます。もはや、断じることを止めることができないのです。これは既に魔の知恵に引っかかってしまっているのです。これらすべての活動に魔が関わっているのだと知ることで、魔を払うことができます。欲望や執着を断じるでも断じないでもなく、欲望や執着を「どうでもよい」と理解すれば良いのです。それらは魔の差し金であり、どうでもよいことなのです。

欲があろうが執着があろうがなかろうが、すべてはプログラムであり、我々は自動的に反応しているだけなのだと理解すれば良いのです。

大事なのは距離感です。たとえるなら、魔とは茶飲み友達の距離でいることです。決して飲み友達にならないこと。茶飲み友達として接していると彼らの知恵を拝借できますが、飲み友達になると、完全に飲まれてしまいます。この距離感を掴むのはなかなか難しいことなので、はじめは逃げるに越したことはありません。戦って勝てる相手でもなく、返り討ちにあったのでは意味がありません。

人間には認識するという力があります。この認識という力は、我々が思っている以上にパワフルな力なのです。何事もそうですが、理由を知ることが納得に繋がり、それまでのもやもやとした意識の状態に終止符を打ちます。魔というのも、認識されることでその存在を断ち切ることができます。なぜかというと、魔やマーヤというのは、人間に知られないことによって、その存在を存在させるプログラムだからです。地球には昼と夜があり、昼の明るいときはすべてが明らかとなり、夜の暗い時間はすべてが闇に沈みます。この相対バランスと同じように、闇に沈むことで存在できる存在というのが、魔ということになります。

見えないものというのは、見えないということに意味があり、見えるようになってはいけないのです。見えないことこそが、それが存在する理由なのです。ゆえに、見えないものが認識されると、その存在は認識されてしまいますので、それまで行っていた悪さはできなくなります。我々が子どもの頃に遊んだ、かくれんぼに似ています。

この隠れているものを認識する看破力が、魔やマーヤというものを払い除く方式になるのです。

魔の働きを一言で言い表すならば、悪知恵です。

魔の悪知恵は、人間にとっては計り知れないものです。魔の力は、我々に悟りという錯覚を与えることも可能です。もし、自分が悟った後に傲慢さが出てきたら、魔の作用だと理解する必要があります。「我こそが神なり」などという思いが出てきたら、ほぼ魔境に陥っています。魔とは、そもそもは大天使の長なので、彼らが我々に悟りを錯覚させることなど朝飯前です。ですから、悟りののち、「すべては絶対者であり、すべてはそのご意志であり、私は何でもない」というような謙虚さが、自分の心から魔を締め出す方法なのです。

しかし、この謙虚さを保っていると、魔は次なる策を講じます。その本人の心をわからない程度にずらしていき、いつの間にか、謙虚さではなく、否定的に物事を見るように仕向けていくのです。彼らの悪知恵は我々の行くところ行くところで立ち塞がるのです。

魔だ魔だと言っていると魔になるから考えない方が良いという考えもあります。しかし、敵陣を知らずに攻め入る、またはどんなセキュリティがあるか知らずに盗みに入るよりも、どこにどんな仕掛けがあるか、前もって知っておくに越したことはありません。ブッダやキリストの周りでさえうろついていた魔が、我々の周りにいないなどということはないのです。


我々は普段、常に思考が働いています。脳が機能しているということに関しては、普通のことです。しかし、思考というのは、常に時間の制約を受けています。思考とは時間の流れに則ったものです。例外でいうと、死を体験するような場合は別です。臨死体験や事故など、危ないと思ったときに脳内で展開する思考は、時間の流れをはるかに超えています。思考の方が速くなっているのですが、私たちは思考が速くなっているとは理解できないので、周りがゆっくりとしたスローモーションになるように感じます。このような経験をほとんどの人がしていると思います。

このように、我々の普段の思考は時間の流れに則っていますが、このような命のかかった瞬間などに起こる例外があります。しかし、思考が時間に則っているということは、思考速度を超えた思考をしない限り、魔を出し抜くことはできません。次の思考は完全に読まれているのです。次の思考が読まれているということは、何手も先までトラップが仕掛けられているのです。

ここで必要になってくるのが、魔のトラップを自覚することです。常にトラップがあると達観することで、これを超えることができます。間違っても対決しようと思わないことです。対決というレベルで考えれば、我々に勝ち目はありません。

また、もうひとつの方法は、従来通りのやり方です。黙想を通して沈黙するのです。無念無想状態を瞑想で作り出し、思考の働きを止めてしまうことです。これによって、魔はなす術がなくなります。なぜならば、魔というのは、我々の想念、思考と深く関わっているからです。苦しみを作り出すのは思考です。悩みを作り出すのも思考です。あらゆる人間界の苦しみは、思考から来ているのです。この思考を拠り所にして活動するのが、彼らのやり方なのです。

我々の思考は常に読まれており、その思考が墓穴に向かうように仕組まれていくのです。結果、世の中は混乱に陥り、カオスと化すのです。

我々が二者択一をするとき、オプションにAとBがあるとします。Aはイエス、Bはノーだとします。我々はよく考え、AまたはBの結論を出すわけですが、このどちらにも魔はトラップを仕掛けています。正しくは、答えを信じて肯定的に向き合っていくことですが、肯定感であるべきところを魔によって傲慢さや虚栄心に置き換えられたり、謙虚さを自信の欠如や自己否定感などに置き換えられたりするのです。ポジティブであることと、傲慢や独善的であることは全くの別物です。当の本人も、その違いに気づいていないかもしれません。

魔というのは、こうしたトリックを使って我々の思考や心を自在に操ります。この悪知恵こそが彼らの真の力であり、普通なら太刀打ちできないのです。これに打ち勝てるのは神の力だけです。我々が全能なる神の力を得るなどということは起こり得ませんが、少なくとも絶対者を信頼し、委ねること。そして、述べてきたように、魔やマーヤを自覚すること、これらを日常的に実践することで、我々は正しくプログラムに則った人生を送ることができるようになるのです。

魔は我々を操るわけですが、これも、すべては絶対者のプログラムだということには変わりありません。ですので、恐れるには足りません。我々は敵わなくても、絶対者に敵うものは存在しないからです。ゆえに、絶対者を信頼し、常に共にあることです。

すべては、完璧なのです。

V　タントラ

タントラは、日本では密教として知られていますが、発生はインドのベンガル地方とされており、七〜八世紀頃に形成されたとされています。もちろん、潜在的にはそれ以前のはるか昔からあったのではないかと推測されます。

タントラはその地域特有の信仰のあり方であるとともに、当時の仏教やヒンドゥー教特有の出家主義的な伝統に対する、在家の修道のあり方であったのではないかと考えられます。そして、このタントリズムと呼ばれるアイディアは、仏教やのちのヒンドゥー教に取り込まれ、密教という独特な世界観を生み出すことになります。

私におけるタントラ思想との出会いは、十八歳のときでした。タントラなるものの存在は既に知ってはいましたが、十八歳でアーシュラムに入り、修行を始めたときにタントラへと導かれていきました。このときに私が学んだタントラ・ヨーガは、何種類もの瞑想テクニックでした。このときから、私はタントラの道を歩み始めるのですが、この後のチベット仏教のタントラも含め、いまだ理解がおぼつかない頃は、悟りのためのあらゆるテクニックがタントラなのだと漠然と理解していました。

また、タントラの思想というのは、師子相伝の教えであるがゆえに、秘密裏に相伝されてきましたので、さまざまな推測も巷《ちまた》に溢れています。しかし、タントラについてのこれらの一般的な理解はある部分で的外れであり、正しい解釈がなされていません。

私の経験から来る理解では、タントラとは「母」、つまりは母性の理解であり、「母」の力を借りなければ、成就を達成することはできないという考え方です。

まず、師匠は弟子を導くにあたって、方便を使って教えます。タントラの世界観を教え、さまざまな瞑想テクニックを伝授し、修道へと導きます。何年もかけて弟子は修行を行い、その中でタントラへの理解を少しずつ深めていきます。

そして、機が熟したときに、はじめてタントラの意味を理解します。あらゆるテクニックは方便にすぎず、わかるべきことは「母」であると、明確に理解します。

例えば、現実の世界でも、何事も基礎から始め、次第に熟練の境地に入ります。これはどの職業も同じで、三次元では労力を一定の時間注ぎ込まなければ、知識を得られるレベルには辿り着けないのです。これと同じことで、瞑想を始めてすぐに結論は出ません。何年も何年も取り組むことで、自然に理解が深まっていくのです。

そして、それらの瞑想法などの細部の理解を深めていきつつ、最終的に到達される理解は真理です。また、その理解に到達すると、方便はすべてどうでもよくなります。

そういった意味で捉えるならば、タントラとは覚者の意識状態、または覚者にとっての通常認識という意味にも捉えられます。

覚者は、普通の人間と違い、物事を二元的には見ません。我々は、物事を白か黒か、どちらかが正しくてどちらかが間違っている、というように物事を識別することで世の中を見ています。しかし、覚者はそのようには見ません。彼らは常に、物事を超越的に見ています。これは彼らが既に識別を超越しており、物事を一元的に見ているということです。より大きな全体像から世界を見ているのです。

さらに、タントリストになると、この覚者の意識状態にありながら、二元的な世界をも見ています。いわばハイブリッドな意識状態です。これは、現実世界から一元の状態までの中間の状態と言えます。アドヴァイタのように一元に近い状態を極めていると、肉体やこの世界への執着が削ぎ落とされ、完全に無欲な聖者のようになります。人類のピラミッドの頂点とも言える意識状態です。それに対して、一般の人々は肉体や世界への欲と執着で生きています。タントリストはそのどちらの意識も支配しており、右の眼と左の眼で全く別の世界を見ています。

一元が極まっている覚者にとって、もはや救うべき衆生はなく、沈黙を通してその教えを体現します。それに対して、普通の教師は言葉を通して説明をします。ところがタントリストとなると逆説的な行為や言葉を通して、論理的にみると支離滅裂な表現を通して、我々に真の世界を伝えようとします。

では、タントリストが到達するこの境地とはどのようなものかというと、これこそが、「母」の境地なのです。

タントリストは「母」という、あえて相対的な境地に自らを置くことで、現世を否定することなく、真理と俗世のバランスを絶妙に取ります。タントリストは、このふたつの世界のバランスを取っているのです。

覚者が組織の中にいるのは困難なことなので、チベットでも、多くのタントリストは放浪する行者になります。組織に属さないという意味では、一元の境地にある覚者も同じですが、一元の行者が洞窟などでひとり静かに隠棲するのに対して、タントリストは巷を放浪し、多くの人々と接触し、人々に真理を体験させます。

この一元の世界をジュニャーナ（智慧）、二元の世界をバクティ（愛）とインドでは解釈しますが、タントリストはこの中間でもあり、包括的でもある立場に位置します。彼はジュニャーニでありながらもバクタでもあるのです。

「父」への信仰が主流の時代、この「母」の教えは公のものとはならず、秘密の教えとしてごく僅かな者たちによって伝承されてきました。しかし、時代が「母」の時代になると、タントラの教えが主流になる可能性もあるのです。

タントラにはさまざまな修行の方法が伝承されており、修行方法として認識されがちですが、タントラの真骨頂は修行方法にあるのではなく、「母」の叡智の恩寵にあずかることです。「母」を愛し、母性を尊び、母性に委ねることで、我々は「母」からの恩寵を受け取ることができます。「母」の教えは甘美であるとともに、時には厳しさも含まれています。そこには二元性であるがゆえの不安定さも、しばしば感じられます。しかし、我々がそこに体験するのは、現象と真理の間に存在するリアリティーです。

そして、この感覚は世を捨てることなく、現実の世界と精神の世界のバランスを取ります。これからの時代の人間にとっては、タントラ的な意識状態が最も相応しい意識状態だと言えるかもしれません。バランスさえ取れれば、仕事をして家庭を持つことは修道にあってなんら間違ったことではなくなります。

一般的には、タントラの世界観は複雑な構造によって成り立っています。無数の修行方法やたくさんの神々の祭祀。これらを通して特殊な力を獲得することを目指したりします。

また、呪術的な要素も強い傾向があります。

しかし、これらはタントラの現実的世界での側面であり、マーヤとしての側面です。二元的相対を軸とする「母」の顕現は、マーヤ的になるのはやむを得ないとしても、これらはすべてマーヤであると理解し、捨て去らねばなりません。この迷路に迷い込んでしまうと、抜け出せなくなります。我々が目指さなければならないのは「母」によって創られた物の側面ではなく、「母」そのものなのです。

1 タントリスト

タントラという混沌を前提とする世界観は、本来の宇宙の構造に似ています。そこには正負が混在していて、人間の認知機能では理解できないようにできています。動物のようにあるがままに受け入れれば、マーヤにはならないのですが、人間はどうしてもそこに正負の識別をしてしまいます。これが、マーヤの始まるところなのですが、タントラではこうした識別をせず、ただあるがままに受け入れるのです。タントラの世界観では、そもそもものの始まりは無であったという原因に留まるのではなく、我々人間は存在するがゆえに存在するわけですから、存在を認めた上で、どのようにこれらの認識を捌《さば》くかというところに特化しています。

ゆえに、宗教的に禁止されている行為なども否定することなく、いかに正しい認識をもって道徳的に誤っているとされる行いをするか、というパラドキシカルな行いを積極的に行うのです。ですからタントリストは風狂者と呼ばれるのです。

タントラの智慧は「母」からやってきます。「母」の世界では、肯定と否定が混在し、それら相反するものがぶつかり合い火花を散らし、その火花から新たなる創造が行われるのです。瞬間瞬間の創造を我々は目撃しているのです。

この道理はある視点から見れば理に適っていますが、この世界を支配する是非の法則に当てはめると、矛盾したものになります。しかし、この矛盾こそがタントリストが表現してきたものであり、そこにこそ、真の叡智が隠されているのです。

タントリストは瞑想をしません。なぜならば、瞑想という何かを目的とした行為には意味がないからです。タントリストはただ意味もなくボケッとしたり、眠ったりします。目的のない意識のあり方が彼らの瞑想であり、瞑想という形を通して瞑想をしません。ただあるがままに自らを放っておくのです。眠りたいときに眠り、食べたいときに食べ、話したいときに話すので、周りから見るとやりたい放題です。

このような話があります。私がチベットの仏教を学ぶために長らく暮らした、インドのウッタール・プラデーシュ州に位置する、ラージプールというチベット難民が暮らす場所があります。あるとき、悪霊の災いを受けている一家があり、あらゆる供養を行いましたが効き目がありませんでした。そこへ、たまたまやってきた有名な風狂のタントリストに祈祷をお願いしたところ、三日間食べ物と酒を用意しろと言われました。そこで、一家が準備を整えると、そのタントリストは毎日やってきて、ただ食べ、酒を飲み、眠り、帰ることを三日間繰り返しました。その間、祈祷らしきことは一切しなかったので、家族は恐る恐る「ご祈祷はどうするのですか?」と聞くと、「もうとっくに終わっている」と言い、帰っていきました。行者は祈祷らしきことを何もせず、ただ、飲んで寝てばかりいました。しかし、不思議なことに、その後はあれほど悩まされた悪霊の気配は全くなくなったといいます。

この話にも見られるように、タントリストは自らの認識の力によってすべてを支配する力を持っています。形式的なことはせずとも、内的な理解のみで物事を変えてしまう力を持つのです。

インドやチベットは、過去にたくさんのタントラのマスターたちを輩出しました。その一人ひとりの物語は逸話となって残されていますが、特に宗派の開祖ともなると、その行いの逸脱ぶりは半端なものではありません。タントラをあまり知らない人からすると、宗教の開祖とはとても立派な人徳のある人だと考えると思いますが、実際のところ、開祖たちは起こす出来事も、教えも、またその人生も常軌を逸しています。このような、数え上げればきりがないほどのたくさんの覚者の物語が現代においても修行者のモチベーションとなり、生き生きとした宗教の世界が存在しているのです。

日本も含め、先進国とは異なった価値観によって成り立っているこれらの国は、それを成立させるに十分な軌跡が存在しているのです。

2 ダーキニー

七、八世紀のインドにヴィルーパという大覚者が存在していました。ヴィルーパは西遊記の三蔵法師が修行したと言われることでも有名な、ナーランダ大学の僧侶で、相当の地位を誇った大学者でした。

しかしあるとき、成果の出ない修行を続けることを諦め、念誦《ねんじゅ》に使っていた数珠をトイレに投げ捨ててしまいました。ところがその意に反して、その夜一向に音沙汰のなかったダーキニー女神が夢に現れ、ヴィルーパを導きます。程なくしてヴィルーパは完全なる目覚めに到達したと言われています。目覚めたヴィルーパは肉を食い、酒を飲み、女性を部屋に連れ込むなど、散々な乱行的な振る舞いの毎日でしたが、あまりに偉い学者なので、誰も咎《とが》めることができないでいました。そのうち、ヴィルーパ自ら僧院を出、その後は遊行僧となり、あらゆる場所を放浪しながら、ダーキニーから得た神通力をもって悪霊を退治するなど、奇跡の数々を行い、のちにチベット仏教サキャ派の祖師となります。この話でも明らかなのは、ヴィルーパを導いたのはダーキニーという女神だったことです。

タントラ、特にチベット仏教におけるタントラの実践では、必ずダーキニーと遭遇します。チベットにはたくさんのダーキニーが存在し、過去多くの修行者を導いてきました。この「母」の人格神的顕れであるダーキニーは、「母」のより粗雑なる側面の顕れであるがゆえに、より人間世界に近い存在です。彼女は機が熟した弟子の前にヴィジョンや夢の中に現れ、導きを与えます。より現実的なニュアンスとして体験されるダーキニーですが、このダーキニー自身も「母」の顕れのひとつです。

ある意味では、必然性の中に身を置く覚者にとって、行為の動機は存在せず、無為に陥りがちですが、ダーキニーが現れることで、ダーキニーが覚者に行為を強制するとも言えます。

こうして、覚者にとってもはや意味を持たなくなったこの世界は、再びダーキニーの力によって意味のあるものへと変容させられていくのです。

タントリストにおけるタントラの力がどこからやってくるのかと言えば、「母」であることに違いありません。

私が体験した「母」は、母性という、より広範な捉え方、すべての女性性のエッセンスとなる存在であり、全宇宙の母の源なので、一切の形象を超越しています。またそれは、あらゆる女性性の本質であり、女神の存在の原理となる部分です。そして、この「母」の顕れは、チベットにおいては、たくさんの女神やダーキニーとして人格的に表現されています。

ダーキニーとは、日本でも真言宗や曹洞宗で祀られることでも知られます。稲荷との混同もあるため、多くの地でお祀りされています。

諸説ありますが、もともとはインドのベンガル地方のカーリー女神の眷属の夜叉《やしゃ》でした。そしてブッダによって調伏され、以後仏教の護法尊となったと言われています。そもそも、鬼であったダーキニーが仏教の護法尊になってからは、修行者を真理へと導き、目覚めを与える存在となりました。特にタントリストにとってダーキニーの存在は霊感の源となっており、その存在はタントラを修道するうえで欠かせない存在です。

チベットでは、ダーキニーは「カンド」と呼ばれます。この意味は日本語で書くと「空行母」となり、空を飛び交うシャクティという意味になります。ダーキニーには複数の形態があり、それぞれ異なった名前が付けられています。

その存在は、ほとんどのタントラのテキストで明らかになっています。これはひとつはっきりしていることですが、もしダーキニーの祝福がなければ、いかなるタントラの修道も成就することはありません。「母」の存在はそれほど重要な役割を占めているのです。ニンマ派のグル・リンポチェ、サキャ派のヴィルーパ、カーギュ派のティローパやナローパ、これら宗派の祖師の伝記を読めば明らかなように、彼らの成就から宗派開闢《かいびゃく》までのすべての奇跡的な物語の鍵は、ダーキニーが握っています。すべてはダーキニーによって導かれた結果です。

チベット仏教は当初、西欧人によってラマ教という誤った呼称で呼ばれました。なぜ、ラマ教と呼ばれたかというと、チベットには多くのマスターが存在し、そのラマ、すなわちマスターである成就者を徹底的にあがめる信仰があったためです。この意味するところは、それほどまでにたくさんの成就者が現在に至るまで歴史上に存在しているということです。そして、これら聖者を生み出す背景には、ダーキニーの存在とその祝福があります。仏教では、青、黄、赤、白、黒というように、それぞれのエレメントは色で表されています。仏塔や、お墓に使われる五輪塔もエレメントごとに色で表現されており、空、風、火、水、地の五元素を色によって表現しています。また、東西南北にも対応します。あらゆる五つのエレメントに対応する色があるのです。人間の体に存在するチャクラも色で表されます。これと同じ原理で、ダーキニーにもさまざまな色のものが存在しています。基本的には少女の姿をしており、顔は夜叉のようであり、人間の頭部の首飾りを着けています。持ち物はそれぞれのダーキニーによって異なりますが、異様な姿をしています。夢にダーキニーが出てくるときは、少女や若い女性、または老婆が多く見受けられますが、あらゆる女性の姿をとることができます。メッセージを持ってくることが多いので、何を伝えようとしているのかを理解しなければなりません。たとえ「母」が混沌を内包しているとはいえ、混沌を通して見える結論は完璧さです。

古来、インドにおけるクンダリニー・ヨーガなどでは、クンダリニーの覚醒と上昇、そして到達するべくプルシャ（純粋意識）の状態を、女神クンダリニーと、父シヴァ神の合一になぞらえて説明されます。インドのタントラ・ヨーガにおける修道方法の要となる、クンダリニーの覚醒は、女神の目覚めとして扱われてきました。

人間が創造されたとき、すべての人間の活動の原動力としてクンダリニー・シャクティが人間の尾骶骨《びていこつ》付近に眠っており、普段は生殖活動やバイタリティなど、人間の動力のモーターとして機能しています。また、頭頂にはシヴァ神になぞらえられるプルシャが、自動的な命令系統としてプログラムを実行しています。

ところが、ヨーガや瞑想によって、この女神の力を目覚めさせると、背骨を通って上昇し、ついには頭頂に至ると、クンダリニーとしてのプラクリティと、プルシャが出会います。この分裂状態に置かれていた二者が再び出会うことで、修道者の解脱が達成されるという仕組みになっています。ですから、タントラの修道者はこの女神の覚醒を目指して、日夜トレーニングに励むのです。

このタントラの教えでも、要になるのはクンダリニーと呼ばれる女神です。

日常に人間を目覚めさせる力は女神によるものです。男性であろうと女性であろうと、目覚めるために必要となるのは、自分の中に眠る女神という女性性への目覚めからなのです。内なる女神の存在に気づき、畏敬の念を抱くならば、「母」は間違いなく祝福を与えてくれます。女性性を蔑《ないがし》ろにして人間には目覚めは起こらないのです。

ただし、このクンダリニー・シャクティの目覚めは人間にとってコントロールすることが難しく、クンダリニーへの集中よりも、プルシャへの集中の方を優先します。なぜならば、この男性原理の力は「母」のシャクティをコントロールしてくれるからです。これがただひとつの方法になります。クンダリニーの目覚めは必要ですが、その力も「父」によってのみコントロールされるのです。

ですので、前提としての「父」の存在は不可欠なのです。

これらインドにおけるヒンドゥー教をベースとしたタントラと、チベット仏教のタントラでは、趣きもまた違います。

両タントラを長年実践してきた私の経験からいうと、ヒンドゥー・タントラはどちらかというと、システマチックな身体技法に重きが置かれ、信仰を前面に押し出しません。それに対して、チベット仏教におけるタントラは至って宗教的です。チベットのタントラの世界は顕教の世界と分かち難く結びついており、そこで体験させられる経験も、実に宗教的であるとともに道徳的でした。

例をひとつ挙げると、私が修行中に痛感させられたのは、自らの信じる心の脆弱《ぜいじゃく》さです。チベット仏教修行の第一の関門である五体投地《ごたいとうち》ですらも、信心との闘いです。ヨーガの修行をしばらく続けてきた私からすると、長時間瞑想したりするのには慣れていましたが、これも、自己開発のためと思えば、それほど苦にはなりませんでした。しかし、五体投地は信仰がなければ、無意味な骨折りに終わります。何百回も礼拝を繰り返していると、仏が見えているわけではないので、何をしているのかわからなくなります。

私は、普通の人よりも信心はある、と思っていました。子どもの頃の臨死体験や、それに続くさまざまな心霊体験によって、目に見えないものが存在するという事実を明確に理解しているつもりでした。しかし、つらい五体投地をやっていると、疑念の連続で、心身ともに疲れ果ててしまいました。そこで私はチベット人をはじめとして、信仰のある国の人々の信じる心に対して、いかに自分の信仰心というのが未熟であるか痛感させられました。チベット人の信心の強固さと、修行を通して、私は信心について深く考える機会を与えてもらえたのです。

このような強固な信心に裏打ちされた意識を持って、タントラに挑むわけです。我々日本人がチベット人と同じように修行しても、結果は儚いものとなるのは明白です。

現代の日本人にとって、この豊かな国は楽に生きられる反面、失ってしまったものも多いのが現実です。確かに信仰もすべて失われたわけではありません。しかし、日本人が生活や不運から逃れ、自分の命を守るために信じる信仰と、チベット人のように、命をかけた信仰とでは、大きな違いがあります。信仰のために命を落とすことを厭《いと》わぬ精神が、あれほどのエネルギーを生み出すのです。そのような場所で彼らと一緒に修行するというのは、私にとって非常に大きな経験となりました。

しかし、これらの信仰の前提として必要なのは、正しい指導者の存在です。指導者が誤っていれば、信者全員が地に堕ちるからです。

人間から正しい信心を引き出すには、正しい指導者の存在が何よりも重要なことです。利他の教えを踏襲し、指導者が正真の慈愛に満ちていなければ、弟子たちが正しく導かれることはありません。私は多くの活仏と出会ってきましたが、彼らの慈悲心に触れて涙したことは数えればきりがありません。

チベットには人々の慈愛が満ちており、その慈愛と仏に対する帰依心は最も偉大な力です。つい我々は魅力的なチベットの複雑な密教の仕組みや修行に興味を抱いてしまいますが、それよりも大切なものは人の心が生み出す力です。

私は五体投地をしながら、彼らから真の心の強さというものを教えてもらったのです。

また、チベットには、このダーキニーの化身とされる女性の活仏も何人か存在していま
す。私の師匠の息女様も、ダーキニーの化身としてチベットの民から信仰される存在でし
た。しかし、元来チベットの女性は皆、大変慎み深いので、あまり表に出てきません。

私がインドで修行をしていた頃、師匠の息女様と、シッキムに滞在していました。彼女は私をシッキムのさまざまなところに連れて行ってくれました。カルマ派の本山や、ドゥトゥプチェン・リンポチェのところなどに同行させてもらえました。その中で、ダーキニーの女王として全チベット人から信仰されるカンド・ツェリン・チュドゥン師を訪ねることができました。

この日、我々はタクシーでシッキムの州都ガントクのロイヤル・パレスを目指しました。シッキムは北にチベット、東西はそれぞれネパールとブータンに接しており、紅茶で有名なダージリンの北東にあたります。以前はブータンのようにシッキムという王国でしたが、現在ではインドの州になっています。北には世界第三位の標高を誇るインドで最も高い山、カンチェンジュンガがあり、ヒマラヤの裾野に張りつくような国土は、高知特有の空気と独特な雰囲気を醸し出しています。

息女様は私を驚かすのが好きで、私が驚いた顔を見ていつも笑っていましたので、このときも息女様からは、現地についての大した情報を頂いていませんでした。タクシーで目

的地に着くと、お婆さんがキッチンから出てきました。普通のチベット人のお婆さんと変わらず、少女のようにはにかみ、恥ずかしそうに笑うのがとてもチャーミングでした。どこの国のお婆さんもそうであるように、ほとんどキッチンにいて、その姿がとても馴染んでいました。

私は、このお婆さんが誰なのかわからなかったのですが、息女様の彼女への態度から、すごい人なのかもしれないと思っていました。その短い滞在の中で、実は彼女は私の師匠の師匠であり、二十世紀を代表する大聖者ジャムヤン・キェンツェ・ワンポ大師の伴侶であることが判明しました。その名もカンド・ツェリン・チュドゥン。全チベット人が、ダーキニーの女王と呼び、女性覚者の頂点に立つ人でした。そのあまりにも素朴な態度や、人柄からは想像もし得ない存在でした。こんな偉い人がこんなキッチンで過ごして、なんという世界だろうと思いました。女性の覚者に共通する、権威とは無縁な素朴さには感慨深いものがありました。

このように、タントラの世界観ではダーキニーをはじめとする女神たちの存在は重要な役割を占めています。しかし、これもすべては父性と母性のバランスの上に成り立つので、どちらか片方だけということでは、成立しません。

この世界は陰陽のバランスの上に成り立っています。タントラとは、このバランスをうまく利用することで、一般的な修道の世界観で言われるような、現象世界を全否定する必要がなくなります。もちろんその分、バランス感覚が要求されることになるので、宗教的な全否定の方が楽だと感じる人もいるかもしれません。

しかし、人間として欲求があり、精進することが困難な人に希望はないのかというと、そうではありません。人間は誰もが等しく神と共にあるのです。神のプログラムは人それぞれであり、欲求が強い人もいれば弱い人もいます。人付き合いが好きな人もいれば、嫌いな人もいます。また、欲がなくても神に興味がない人もいれば、欲が強くても神が大好きな人もいます。タントラの世界では、欲の強い人間ほど強烈な悟りを経験するとも言われています。

これはすべて神の計らいであり、その人がどういう人間性であるかはあまり関係ありません。人間は人それぞれであり、その人生の経験から、その人特有の人生観を作り出し、皆、必死に生きます。苦しみの一つひとつが我々に智慧を授け、それを乗り越えるたびに我々は学び成長します。他人に自慢できる話も、できない話も、我々にとってはそのどちらも価値観の礎です。そこには人生の美があり、それを理解した者にとっては、それだけで人々を慈しみ憐れむ理由になります。人間は等しく生き、その生き様に刻まれるのはただシンプルに愛なのです。

今起こっていることが愛に見えなくても、長い年月が過ぎ振り返ってみると、そこに存在するのは愛でしかありません。

我々はただ愛のために存在しているのです。これが我々の生きる理由であり、辿り着くべき答えです。

タントラの教えは、「母」を理解し、「母」の教えを通して、すべてを慈しむ心を成熟させます。

神が最終的に意図する結論は、我々一人ひとりが、ただ愛になることだけなのです。

童話に出てくるお菓子の家がすべてお菓子でできているように、この世界の真実の姿はすべてが愛によってできているということです。これを理解できればそこには至福があり、理解できなければ、今まで通りの苦しみの現実があるのみです。

タントラとはこの理解へと我々を導くひとつの有益な手段なのです。

Ⅵ　実践編

音楽家やスポーツ選手など、その道のエキスパートになるためには、皆多くの時間と労力を自己の能力の開発のために費やします。

修行の世界も同じです。秘められた潜在能力を開発するためには訓練が不可欠なのです。しかし、これはあくまでも潜在能力の開発を目的とする場合です。インドなどのクンダリニー・ヨーガや、ラヤ・ヨーガなど、神通力を開発するという目的のヨーガも多く存在しているので、こういった能力を求める人々も多く存在しているのが事実です。しかし、自己の実現と潜在能力の開発は無縁です。そればかりか、現時点で、現れていない能力を求めることはマーヤ以外の何ものでもありません。現時点で備わっているすべてが現実であり、その現実の中にしか真理は存在しないのです。未来の希望の中に真理は存在しません。それは幻であり、まやかしです。もちろん、未来に希望を持つことは未来のポジティブな指針となるので、それは問題ありません。

しかし、今の自己の現れの中にしか真理は現れていません。今この瞬間に、自己において満足すること。それが自己の実現なのです。なりたい何かになろうとすることではありません。今の自分に満足できていないから未来に完璧な自分を求めるのではなく、現時点のこの頼りない自分をも、神の完璧なるみこころの部分であるということを悟ることが大切なのです。

自己の実現に必要な結論は、「あるがまま」です。修行などの能力開発はただのマーヤです。

ですが、もし、能力開発をしたいのなら話は別です。能力開発をしたい人は、それ用の特別な瞑想などを実践すれば良いと思います。しかし、神通力を身に付けても、悟っていない行者は大勢います。自己の実現と神通力は関係ありません。それはかりか、修行によって得た力はあくまでも得たものですので、この力を得た者は皆、これを失うことを恐れてしまいます。ゆえに、修行を止めることもできなくなります。この悪循環はマーヤなのです。

しかし、我々が求めるのは自己完結です。それは自己の存在と共に既に存在しているものであり、彼方に在るものではありません。それは誰にでも産まれた瞬間から自らと共に在り、死ぬまでそれと共に在ります。もちろん、産まれる前から在り、死んでも失われるものではありません。それは永遠なるものであり、永遠であるということは、失われることのないものです。この生来に備わっている真実の答えを明らかにすることこそが自己の実現です。そして、そのために必要なのは、しないことをすることであり、無努力の努力、無達成の達成です。

能力開発のような修行はマーヤであったとしても、全く何もしないわけにはいかないのが、パラドキシカルなところです。やらずにやるとはどういうことなのか、どうすれば、やらずしてやれるのか、ここが理解のポイントになります。

従来の修行に含まれる、瞑想、祈り、読経なども、それを行うことを通して得られる脳波の状態は必要なものです。脳波の状態、魂へのフォーカス、これらを観念化せずに行えれば問題はありません。しかし、人間はその修行をしていると、これをしているという観念に支配されます。それは、マーヤです。もし、観念なく修行できるならば、それに越したことはありませんが、なかなか難しいことです。よって、既に修行マーヤに支配されているならば、一度すべてを忘れる必要があります。記憶の消去です。これは、音楽家やスポーツ選手なども経験することですが、必死に練習したのちに忘れるとできるようになるという脳の仕組みと同じです。一度忘れると、この身に定着するのです。これも、脳の作用なので、仕方ありません。修行をしたら、修行を忘れて一旦すべてを消去することで、自己に落とし込むことができます。これはとても重要なポイントです。

しかし、修行をしたことのない人ならば、マーヤ解きの方法から始めるのが最も簡単なやり方です。

そこで、ここでは、「母」直伝の実践方法を示していきたいと思います。

「母」直伝の教えは、私の経験上、かつて見たことも聞いたこともないような内容でした。「母」の教えは従来の修行法とは異なり、修行をしないことに重きが置かれています。修行をするのではなく、「意図をする」という点に比重が置かれます。この意図というのは、意識の集中ではなく、意識野《いしきや》に常に神が在る状態です。

たとえるなら、好きな人がいたり、好きなものがあったりすると、仕事などの作業をしていても、それを忘れることがないような状態です。しかし、好きな人への想いに乗っ取られると、仕事に集中できなくなります。仕事に集中しつつも、相手のことが頭から離れないような状態。この状態を私は意図と呼びます。ですので、坐禅を組んで集中するのではなく、常に日常の活動をしながら意図されている状態というのが、重要なポイントです。

我々は修行というマーヤが渦巻く中で、マーヤを取り除いていかなければなりません。その中で、神やマーヤを意図し自己において自覚的であることが目指す境地なのです。

では、なぜ修行の世界がマーヤなのかというと、当たり前のことですが、個人がついに己のゴールに到達しようとしているわけですから、ここぞとばかりに障害が集まってきます。「母」が世界を維持しようとする力の結果なので仕方がありません。

全体のバランス維持のために必然的に起こる妨害は、我々からすると妨害ですが、宇宙からすると均衡を保とうとしているだけです。

悟りとは宇宙の法則を超越することですから、やむを得ないとはいえ、「母」から来る障害はなかなかきついものがあります。

さらに、この手段として「母」のシステムの中にあるものは、なんでも使われます。マーヤや魔が使われるということです。これらは、普段日常の中に当たり前にあるものですが、修行者にとっては、激流のように押し寄せてきます。結果、我々はマーヤや魔に翻弄され、一向に成果が出せないという結果に陥ってしまうのです。

しかし「母」は、同時に我々に対して無限の慈しみを持っています。「母」と根気比べをするのではなく、母性に働きかけ、「母」の方に折れてもらうしかないのです。その結果、「母」の恩寵によって我々を取り巻くマーヤの帳《とばり》が「母」の力によって取り払われるのです。

私はこの結果として、目覚めた意識の状態をいかに維持するかを「母」から学びました。この方法はどちらかというと、意識の維持に重きが置かれてはいますが、いまだ目覚めていない者にとっても、マーヤを取り除く方法は下手な修行をするよりも効果がありますので、その辺りを少し説明してみたいと思います。

この「母」の実践方法は、昼夜問わず行えるものですが、一日の終わりである夜の静かな時間に実践するのが特に重要です。もちろん、日中も自らを取り巻くマーヤにフォーカスしておくことも大切です。

特に人間というのは、他人とのやり取りや、自分の考えと異なる情報がメディアなどから意識野に入った途端に、マーヤの症状が現れます。負けまいとする競争心や闘争心、自己評価が低いものに関しては、嫉妬や妬《ねた》み、自己卑下、また、弱い者を前にしては、慢心や傲慢さという意識の反応が起こるわけです。

こうしてみると、マーヤというのは常に他者が絡んでいるということです。人間は社会によって生かされているけれども、社会がマーヤになっています。これらの自分の心の反応を常に見守っていなければなりません。例えば、自己卑下のような反応を潜在意識に蓄積させると、後々大変な力に膨れ上がる可能性があります。このような結果は、子どもの頃からできが悪くて、開き直っている人の方が心の状態は強いのですが、優等生で生きてきた人は苦労します。優等生は常に上との競争の中にいます。スポーツにしても学業にしても、優等生にとっては、常にライバルがいます。このような競争心の中に日々置かれていると、心が休まる暇がありません。こんなことを何十年と続けていると、いつか心が折れてしまうのは当然のことです。戦わないのが一番良いのですが、戦わざるを得ないときは、この世界はすべてがマーヤであることに気づいていることが大切です。

昭和の頃はアジアでは日本が最も裕福な国で、多くの日本人が世界旅行をしていました。当時の外国人からすると、日本人は皆同じに見えたといいます。これは、戦後になっても戦前の教育のマーヤが抜けておらず、社会というシステムの一員になろうと皆一生懸命に生きていた時代のためです。ところがそんな日本社会も安定期を過ぎると、国民は自分らしさというものを模索し始めます。結果、さまざまな職業が生まれてきます。そこでは、社会性よりも個性が意味を持ちます。どちらが良いかではありません。

社会のプロパガンダが強い国では、国民は一貫性を持つので、服装や身なりが一様になります。ここでのマーヤは社会性になります。社会から外れる欲求や思考は周りから咎められるので、その社会に自分を押し込もうとすることで苦しくなるマーヤが主になります。

逆に、国家のプロパガンダが弱いと、国民は自由になります。しかし自由になると、すべて自分で決めなければならなくなります。このマーヤは下手をすると、国家に従うよりも強烈なマーヤになる可能性があります。他より突出した個性が必要になる場合はなおさらです。彼の国には彼の国のマーヤがあるわけですが、この国にはこの国特有のマーヤがあります。

私もかつて多くのヒッピーと交わってきましたが、多くのヒッピーたちは自由であるがゆえのマーヤに陥っていました。「自由にしていなければならない」というマーヤです。自由であるために自給自足にこだわり、その結果外食を極度に我慢するというのはマーヤです。また、仏教徒はベジタリアンだと思っている人は多いと思いますが、仏教徒は托鉢によって食べ物を得ていたので、貰ったものはなんでも食べるのが仏教徒です。ただ、仏教が興った地がインドだったため、菜食主義者であると思われただけです。仏教では、食べ物に対してあまり注意を払っていません。食べることは欲と考えるからです。よって、貰う食べ物が肉か野菜かすらも、どうでもよいのです。ちなみにチベット僧は一般的な日本人よりも肉食です。チベットは標高が高く、野菜が育たないという地理的な問題もありますが、基本は肉食です。

さて、こうしてマーヤというのは常に観念化から生じます。マーヤの中で生きながら、マーヤにならない方法は無念無想です。しかし、無念無想では、社会で生きていけません。社会で生きるためには色々と考えなければなりません。この相反する状態のバランスを取るためには、思考に気づいていることです。思考を否定することなく、思考しながら思考に気づき、そこからマーヤを抽出して捨てるのです。今の段階では、まだ皆さんの脳内にはマーヤというフォルダは出来上がっていません。しかし、マーヤを意識して生きるようになると、脳内にマーヤのフォルダが出来上がってきます。

人間は物事を認識すると、最初の反応で識別をします。良し悪しなどの善悪の判断をしたり、好きか嫌いかの判断をしたり、取捨します。この識別の段階が、好き、嫌い、まあまあ、などという判断ですが、ここにマーヤという基準を組み込むことで、「マーヤだからどうでもよい」という判断が生まれてきます。これが新たなるフォルダです。これが出来上がってくると、自分にとって何がマーヤで何がマーヤでないかを識別できるようになります。まずは、このマーヤフォルダを自分の脳内に作り上げることです。物事をマーヤ的な見地で観察し、自分にとってのマーヤを識別できるようにすることです。

優しい家族に育てられた子どもと、そうでない家族ではマーヤのなり方も違います。親の愛がなく育った子は、親の愛がないことがマーヤになり、親が死んでもなんとも思いません。反対に親の愛を受けて育った子は親の愛と共に生きますが、親の死は大変なマーヤになります。

好きな上司の叱責は学びになりますが、嫌いな上司の叱責はマーヤになります。このように家族や会社などの社会における自分の立ち位置によってマーヤは異なってきます。

自分にとってのマーヤがどのようになっているのか、また、このマーヤ的な思考はどのように構築されたのかを理解することが最初の段階です。最終的には必然性というみこころによって、そのマーヤですらも、私を形成するために用意された必然性だったと理解される境地に到達します。

1 実践方法

いまだシステム化されているわけではありませんが、実践方法の大枠は、次のようになります。

i　環境

ii　制感

iii　真理への集中

iv　（1）マーヤ解き・エネルギーマーヤ解き

（2）みこころ解き

i　環境

まず環境です。日常の環境と切り離せることを目的とします。

旅行したりすると、現実的な家や仕事のことをひととき忘れられますが、旅行から家に帰り、明日から仕事となったときのギャップに驚かされることがあります。この感覚が強く出るほど、旅行が成功だった証しとなります。旅行中いかに非日常を過ごせたかが、旅行することのひとつの目的だからです。気にかかる仕事を残して旅行すると、旅行中も仕事のことばかり考えてしまい、旅行から帰ってきても、日常に戻って安心するようでは、旅行した甲斐がありません。

このように、意識のスイッチを切り替えるということが、その瞬間に集中し楽しむ秘訣です。継続的な集中が続くとストレスになるので、意識を切り替え、その都度やるべきことに集中するというのが、正しい意識の保ち方です。ですので、毎晩寝る前に、日常から自らを切り離す時間を設けるということが重要です。

時間の次は空間です。できれば、修道を行う場所は決まっている方が望ましいのですが、これにも理由があります。

その時間にその場所に座ることで、潜在意識は自動的に実践モードに切り替わるからです。また、その場所にいることが日常を切り離すことにも繋がります。部屋が確保できない場合は、座る向きを変える方法です。例えば、ワンルームマンションなどに住んでいる場合は、キッチンの方に日常生活に関するものを置き、その反対側には瞑想的な空間を作ります。普段生活しているときは、キッチンの方に向いて座り、実践をするときは瞑想空間の方に向きを変えて座ります。簡単なことですが、こうすることで、意識は容易に転換されます。瞑想室のようなものを作れる場合はそれに越したことはありません。

空間に関しては、もうひとつ大切なアイテムがあります。それは椅子です。実践をするにあたって心地良い座具は重要なものです。このなかでも私は椅子というよりもソファやカウチなどをすすめています。

クンダリニー・ヨーガなどをする場合は坐禅の姿勢は重要な座法になってきますが、マーヤ解きなどの実践をする場合は座位にこだわることはありません。まず何よりも、意識が高められることが重要なのです。意識を高めるためには、体を忘れる必要性がありま す。座禅の姿勢で座ることで体が緊張していると、かえって意識は高まりません。よって、ゆったり腰掛けて、体を忘れることがまず第一歩です。坐禅の姿勢にこだわる必要性はありません。

椅子は特に重要です。この世界には多くの国が存在し、かつてはそれぞれに国王がいました。そして国王を象徴するのは玉座です。現在国王がいない国では王宮が拝観できますが、どこの国でも王の謁見の間というと、玉座が置かれています。

国王と玉座は切り離せない関係にあります。なぜならば、国王が国王であるのは国王に神の力が降りているからです。彼を国王たらしめているのは神の必然性の力なのです。よって、王子であったときは普通の子どもだったのに、即位した途端に国王の力が宿るということが起こるのです。そして、その力の降臨場所が玉座ということになります。

チベットの寺院では、どこのお寺でも、その本堂内部にはいくつかの高座が設けてあります。その中でもひときわ大きな高座はダライ・ラマ法王のためのものです。普段は写真が飾ってあるだけですが、もし、万が一にも法王が立ち寄った場合には、そこが法王の座るべき座です。もちろん、そのように高座が設けて祀られているということが重要なことなのです。

我々の普通の社会でも、上座下座があったり、家のなかでも家族の座が無意識的に存在したりするのは、そこが自らのあるべき場所であるという潜在的な理解からやってきます。

このような理由から、椅子には力が降りてくるという不可思議な理が存在します。人間にとって「座」というのは我々が思っている以上に大切なのです。

そこで、自分にとって特別な椅子を手に入れたなら、普段の日常生活ではなるべく座らないようにします。せっかくの椅子も日常使いすると、日常的な道具に成り下がるからです。椅子に限らず、モノにどういう価値を与えるかは、それを扱う人間の意識によって変わってくるのです。

例えば珍しいチベットの法具などを日本のインド雑貨屋などでよく見かけますが、オブジェとして買うならば、棚の一部でなんの力も発揮しないままオブジェとして飾られて終わりですが、チベットの儀軌《ぎき》に則って正しく扱われるならば、そこには大きな力が降りてくるようになります。

例えば、プルバと呼ばれる橛《けつ》（杌）があります。日本語にすると金剛橛と書きます。この金剛橛は障害を払う力の塊ですが、正しく扱えばの話であり、ただ飾っておくだけであれば、かえって障害を呼び寄せることにもなりかねません。こういったものは面白半分に飾るものではなく、正しく使用しなければなりません。日本でもよくヒーリング現場で見かけるティンシャというベルも、本来はチベットでは餓鬼供養などを行う際に餓鬼を呼び寄せるために使う法具です。音に釣られて集まってきた餓鬼の供養をしなければ、ただ呼び寄せるだけになってしまいますので、物事がかえって悪くなる可能性があります。餓鬼を呼び寄せたなら、ちゃんと本物のご飯をお供えして供養してあげなければならないのです。これは日本人とチベット人の考え方の違いもありますが、仏教国家であるチベットでは、徳積みをすることや、利他の精神を養うことが人として成長することだと考えているので、餓鬼供養も、自分のためにするのではなく、あくまでも飢えや貪《むさぼ》りの心によって餓鬼界に落ちた哀れな魂の救済のために行われます。そのために餓鬼の供養をするのであって、自己の利益のためにするわけではありません。この感覚を理解できていないと、餓鬼を呼び寄せて供養をしないということは、かえって災いのもと以外の何ものでもなくなります。外国の、特に宗教で扱われる道具は正しい理解がないと、面倒なことになりかねません。これらは目的があって、力を与えられているものですから、正しい理解が伴ってはじめて力は発揮されます。

椅子も、私が述べたように理解し、ただの椅子ではなく、皆さんが神と繋がるための神聖なるツールとしてみなすならば、必ず、その理解に結果は伴います。逆にチベットでは、師匠の椅子に弟子が腰掛けただけで、死にかけるというエピソードもあり、弟子は師匠の椅子に腰掛けてはならないという理《ことわり》をチベット人ならば共通認識として理解しています。それほどまでに、座というものは意味を持ち、重要なのです。

ii　制感

次に制感です。

制感とは感覚器官（感官）の制御です。パタンジャリのヨーガの八支則の中にも出てくるプラティヤーハーラと呼ばれるものに近いのです。プラティヤーハーラでは、人里離れた地の山や森に住むこととなっています。

現代人がたまに森に行くのは良いプラティヤーハーラになると思いますが、日本人には日本での生活があるので、簡単に脱社会は難しいものがあります。そこで、我々は家を草庵に見立て、家で効果的に成果を上げていかなければ意味がありません。これは、私が説く実践以外でも、瞑想をする際にも同じことです。

制感において重要なポイントは感官の制御と書きましたが、感官とは五感のことです。眼、耳、鼻、舌、身と、よく知られた般若心経にも出てくるフレーズですが、この五つの感官を制御するということです。

このなかでも、自分の意志である程度コントロールできるのは眼と舌だけです。あとの耳、鼻、身はコントロール不能な器官です。

眼は瞼を閉じることで、外界の刺激を遮断できます。実践を行う場合、必ずしも眼を閉じなければならないということはなく、どちらかというと眼を開けていることの方が多いかもしれません。その場合は間接照明が有効です。蛍光灯のような明かりは避け、卓上ランプなどの薄明かりを照明として使います。

また、舌も口を閉じることで外界を遮断できます。これらの外界の情報を遮断できる器官はある程度コントロールできるので妨げにはなりませんが、コントロールできない感覚器官は従わせることができないので、そのかわりに、状況をコントロールすることで、感覚器官を従わせることができます。

まず、耳ですが、瞑想をしていても、外の車の音などの騒音が常にあります。そこで、音楽を聴くことです。しかし、音楽といっても、ポップスやロックではダメです。できれば、川の音や海の音などの、連続したメロディのない音がおすすめです。メロディがあるとどうしても音楽として聴いてしまうので、なるべくならば、メロディはない方が良いのですが、これも、レベル次第であり、逆にメロディがあって聴くことに集中した方が瞑想がうまく行くという場合もあります。楽器は、それぞれ音という振動を放つ道具ですので、これも力があります。同じ楽器でも、それぞれ個性があるので、音の波動は異なります。

次は鼻です。嗅覚もまた、生活臭などに惑わされるコントロールできない感覚器官です。嗅覚に関してはお香しかありません。お香を焚き、部屋全体の香りを統一することで、嗅覚に振り回されなくなります。

特に嗅覚は過去の記憶と関連した脳の作用があるので、匂いから過去の記憶が蘇ることは多々あります。ですので、嗅覚のコントロールは過去の記憶のコントロールに繋がるということを覚えておきましょう。我々が抱えるトラウマなどはすべて過去の記憶上に存在しているものです。その理由から、香を焚き嗅覚を安定させることは心の平安の土台を作り上げることに効果があります。

次の身は体ですが、寒暑の苦楽を退ければ良いだけです。先程も書いたように、体の感覚を忘れられるということは重要なことです。エアコンや暖房機器で部屋の温度を快適に保てれば、それで良し、です。

さあ、これで、準備は万端です。

今、ソファに腰掛け、薄暗い光の中、静かなＢＧＭが流れ、芳しい香の香りが漂っています。ゆったりと腰掛け、心身が完全にリラックスしています。この状態から次の段階に進みます。

iii　真理への集中

この状態の部屋でのくつろぎは今日一日の疲れを取り除いてくれます。そして、意識を上に向けます。視覚的には天井を見ています。神が天に在るというのとは関係ありません。もし、我々の足元を掘り進んで地球の裏側に出て、さらにそのまま突き進んでも天です。天は天上にも天下にもあるのです。ここでの天というのは、我々の器官としての天ということです。人間は上を見る、または頭頂に意識を向けることで、そこの器官が活性化するということです。頭の上の空間が開けてくることで、真理を理解するモードである神意識が目覚めてくるようになっているのです。そこで、天井を見ることで、神という絶対にフォーカスし、神を知覚する感覚の扉を開きます。

これにより意識は拡大し、目覚めの状態に近づいていきます。

あくまでもこの時点で完全に目覚めることはありませんが、これによって近づく練習をするわけです。子どもっぽい表現をするなら、こちらから神にこうして呼びかけることで、返事をしてくれるのを待つという実にシンプルかつ強力な方法です。赤ちゃんが泣けば親が飛んでくるように、我々も神に向かって泣けば神が飛んできてくれるという感覚です。

こうして、環境と意識の両方のセッティングは完了します。

ここからさらに幸福度合いの設定をします。かつての人生の中で最も幸せを感じた瞬間を思い出します。これはいくつあっても構いません。そのときの幸福度を収集します。子どものとき、家族で祝った誕生日やクリスマス。初恋の初々しい香り。人生の喜びの瞬間を思い出してみてください。

ひとつはっきりしていることがあります。それは、その経験ができた自分にはその状態になれる心の力があるのだということです。ただし、我々は現象に囚われているため、楽しいことがないと、その状態に到達できないのです。しかし、もし我々が現象に頼らず心の内に完結することができたら、いつでも、その幸福の状態に到達できるのだということを知っておいてください。

その幸せはあなたのものです。それはあなたが感じたことであり、あなたの心はそれを知っています。あなたのものはあなたが望めばいつでもそれを引き出すことができるはずです。この幸福を思い出し、ニヤリと頬が緩んだら成功です。酸っぱいものを食べる想像をすればヨダレが出るように、幸福を思い描くとニヤリとします。酸っぱいものを食べる想像をするとヨダレが出るということは、その思いに肉体が反応しているということです。体にとって良い念想は体に間違いなく肯定的な反応を与えます。ときに病気の治療にも使われる心理療法です。こんなのが効くわけがないと思っていれば、もちろん効果はありません。効くと信じることが大切です。さらには、効くと知っているならば間違いなく効果は出ます。「酸っぱいものを食べる想像でヨダレが出るんだから、効くに決まっている」、そうはっきりと理解しているならば、どんな心理療法も効果をもたらします。こうして、幸せを思い出し、頬が緩むならば、それがあなたの幸福度です。

さらにこのように思念します。「この幸せが私の心の本来の状態なら、何が私をこの状態にさせないのか？」となると、結論はマーヤになってきます。

ここからマーヤ解きが始まるのです。

iv（1）マーヤ解き・エネルギーマーヤ解き

前述したマーヤ解きは本質的な部分のマーヤ解きであり、このテーマは繰り返し思念されることになりますが、もうひとつやるべきことがあります。それが自己想起です。

まず、のんびりと今日一日の出来事を回想します。人間は寝ている間に脳の整理を行い、翌日に向けて脳をリセットすると言われていますが、寝ている間に一日の出来事を整理されると、自覚のないままに終わってしまいますので、一日の終わりに自己想起をし、自覚的に脳を整理することで、出来事の意味合いなどを明確にしていくことができます。

まず、誰とどう関わってどんな話をし、そこからマーヤになったかどうかの判断をします。これによって、一日のマーヤが整理され、翌日を新鮮にスタートさせることができます。

そもそも、我々の魂はマーヤのない状態で存在しています。しかし我々の意識は勝手にマーヤになります。それは意識がマーヤ的な思考を作り出すからです。せっかくすべてを知っている魂が我々の本質であるにもかかわらず、魂から切り離された意識はあらゆる瞬間にマーヤを作り出します。

マーヤ解きを実践していると、マーヤが解けたときに意識が輝く、イルミネートする経験をします。昔から「目から鱗が落ちる」と表現する現象です。これは、意識の理解が魂レベルで機能した瞬間に起こる現象です。つまり、意識下で思考によってマーヤが言語化され、魂が「それが正解です」と、答えてくれるのです。

この状態を引き出すためにマーヤを言語化しなければならないのです。

無自覚に日常を送り、経験したことを一日の終わりに振り返り、自己想起を行い、マーヤの可能性のあるものを頭の中で言語化していくわけです。我々の脳は言語化されないと、それを認識することができません。よって、マーヤな現象をマーヤとして言語化しなければ、頭は理解しないのです。マーヤ解きでマーヤを言語化し、魂に対してプレゼンしていくと、マーヤに対して魂は反応します。魂は、それが正解だと教えてくれるのです。そして、その瞬間、意識はイルミネートします。こうして、魂と意識が認識を同じくすることで、マーヤの帳は取り払われ、意識は魂と同調し、魂が本来もつ輝きが意識上でも経験できるのです。

人間の意識というものは、人によって異なります。ですので、何がその人にとってマーヤなのかということを定義するのは難しいことです。

人間とってのマーヤは人それぞれなのです。

例えばそこに犬がいるとします。犬好きの人からすれば、それはマーヤではなくて好ましいものですが、過去に犬に噛まれた経験がある人は、犬の存在を恐怖に感じるのでマーヤになります。犬からすればただそこにいるだけで、人間が勝手にマーヤになっているのです。楽しいことも、マーヤになります。毎日パーティー三昧《ざんまい》は楽しいかもしれません。しかし、このような日常が続けば、神から遠ざかっていきます。それで良い人はそれで良いのかもしれませんが、我々からするともったいない。パーティーが悪いわけではなく、パーティーはただ起こっているだけです。それに振り回されている人間がマーヤなのです。

自然界に存在するすべてのものはマーヤでありつつも、それらはただそこにあるのです。そこでは、起こるべきことが起こる。その繰り返しが起こっているだけで、マーヤにはなっていません。ただ必然性が起こっているだけです。しかし、そこに人間が加わってくると、突然マーヤが発生します。なぜならば、人間は知能が発達しており、その知能はマーヤを基としているからです。考えれば考えるほどにマーヤの上塗りになるのです。よって、過去の幸福な記憶もひとときの喜びと化し、マーヤに埋没していくのです。これでは、人生もったいないのです。せっかく生きているのだから、真の幸福を体験することが大切だと私は思います。マーヤがなく、神の祝福と共に在れば、なんと幸せな人生になるでしょうか。

過去に存在した聖賢たちは宗教的な道の成就者たちでした。よって、厳しい修道を通してのみこの至福に至ると、我々はマーヤによる思い違いをしています。また、宗教的なマーヤから、我々は罪の意識を必要以上に抱え込んでいます。神と個の喜びは相反すると我々は思い込んでおり、楽しんではいけない、真剣にならなければいけないと、深刻になっています。神と喜びを切り離して、真の幸福はあり得ません。神は我々に、「幸せになるな、喜ぶな」とは言っていません。すべては神によって与えられたものです。神に感謝して、喜びを享受することは罪なことではないのです。恋人を得るのも、仕事が成功するのも、すべては神によって与えられたギフトなのです。

本当は誰もが、神的意識を獲得し、至福と共に生きられるはずです。伝統が開かれた道を矮小化し、限られた人間だけの特権であるという印象を与えているだけです。我々は「母」のシステムによって許されているだけです。

しかし、今、世界は時代の転換期を迎えています。より多くの目覚めた人たちが作り上げる世界が間近に迫ってきていると私は考えます。

来るべき時代のためには、我々の一人ひとりがマーヤを理解できるようにならなければ先には進めないのです。

（2）みこころ解き

こうして、マーヤが解かれていくと、意識が冴え渡ってきます。宇宙に向かって意識が開かれていくのを感じます。この視点に立つと、今度はマーヤではなく必然性、つまり「みこころ」が明らかになってきます。山の頂上で霧が晴れた途端、眼下に絶景が広がる感覚です。

すべての出来事は、人間がマーヤであるがゆえに、自動的に展開しているのだとわかります。一寸先は闇であり、マーヤという霧がたちこめていなければ、人間は危険な方にはあえて行きません。マーヤという霧が向かうべき方向を決定しているとも言えるのです。人生における選択は、霧の中の手探り状態で行われます。その結果、我々はさまざまな思いもよらない出来事に遭遇し、混乱に放り込まれるのですが、これとても必然であり、経験のために起こっているにすぎません。みこころ解きにおいて見出されなければならない結論は、「必然である」という見方を通して人生を回想することで、人生に対する評価を肯定的に転換させることです。

神は我々人間には理解不能なやり方で必然を行っています。人間の頭脳は物質であることに変わりなく、物質は時間の制約を受けています。時間の制約を受けた頭脳が生み出す思考は時間の拘束を受けており、時間を超越することはできません。しかし、不可思議にも、それを理解することができるのも人間の頭脳です。神のことを理解できるように神は人間の頭脳を創造したということなのです。

ただし、目覚めない限りこの機能が働くことはなく、普段は時間の制約を受けた状態でしか思考することはできません。ですので、「必然」と言うとき、我々の頭脳はあくまでも人間にとって可能な次元でしか必然を理解することができません。しかし、それでは、神のみこころという業を本質的に理解することはできません。ただ、「すべては決まっている」とか、「神がコントロールしている」とか、これらの人間的な思考を超越したところにあるのが、本当のみこころです。現実はもちろん必然的に起こりますが、ただ物事は決まっているという単純な話ではないのです。

抽象的ですが、例えば自分が手を上げたときに、全宇宙が一緒に動くような感覚です。自分のあらゆる行為は宇宙全体と繋がっているのです。

あらゆる時間における一瞬は、時間の流れの中では一瞬ですが、みこころの中においては、無限です。我々は人生の中であくまでも自分が主体で生きていますから、自分にフォーカスが行くのは仕方のないことですが、本質はより全体的です。私ひとりがどうこうではなく、すべてが一体になって展開しているのです。私というのはあくまでも全体を構成する一部であり、これは重要ではありません。この世界にあっては個々の幸福が云々されますが、個々の幸福はどうでもよいのです。それよりも驚くべきことは、全体が一体となって動いていることです。

みこころの解釈とは宇宙法則の解釈であり、それは宇宙全体が一体となって動いているという完璧さの理解です。そして、みこころ解きは、起こっている出来事に対する決定的な結論となります。

みこころが解かれると、起こっている出来事の理由が理解されるため、人生において起こる出来事のすべてが、パズルのピースとピースがぴたりと合わさるように、明確な結論へと我々を導きます。あらゆる出来事は、人生というひとつの大きな絵を完成させるために必要なピースであることを明確に理解します。

もちろん、三次元的な視点、つまりは人間の思考には限界があるので、頭で理解しようとしてもしきれるものではありません。この「みこころを理解する」という経験が起こることで、自己探求の重要な部分を占める、自己と世界の関わりという部分の謎は完全に解決されます。

この、みこころ解きに関しては、三作目の『目覚めの力』(仮題)の核心の部分となりますので、詳しくは次作で書いていきたいと思います。

2 「母」の恩寵の働き

「母」による宇宙の創造は、絶対真理の立場から言えばマーヤであり、正と負に分けて考えると負になります。「母」は時間や空間をはじめとする、あらゆる物を創造しました。「父」は空間であり、「母」は時間であると既に書きましたが、そもそも神においては時間と空間の本質はそのうちに内在しています。しかし、神という非顕現の状態では、この時空は在っても顕現しません。「母」の創造を必要とするのです。神＝「父」の存在の状態は、空間的であると言えます。しかし、その存在が空間的であると認識されるのは「母」のマーヤによって時空が顕現したからこそはじめて認識され得るのです。ないものは顕現しようがありませんが、在るものであっても顕現しなければ在ると認識されないのが、この相対世界の宿命です。そしてその創造はマーヤが基となって創られています。

ここでは、このマーヤの作用が我々の目覚めにとってどのように影響するのか考察してみます。

我々は、生まれてからマーヤの世界に存在していますが、マーヤであることには気づいていません。ただ人によっては、何かがおかしいと漠然と感じるぐらいです。この違和感がマーヤなのですが、これがなんなのかを教えてくれる人はいないので、死ぬまで認識することはできません。

それればかりか、ある種の目覚めの体験においても、このマーヤは認識されない可能性もあるのです。なぜならば、このマーヤの創造者は「母」であり、マーヤを知るには「母」の恩寵を必要とするからです。

仏教の空性や、アドヴァイタのブラフマンやアートマンという絶対真理は超越的すぎて、その悟りは、我々をこの現実に戻れなくしてしまいます。過去多くの成就者が隠遁した理由のひとつです。

我々は真理に到達したのち、この世界に戻ってこなければなりません。そのためにはこの世界の構成要素であるマーヤというものを理解しなければ、精神と現象が折り合わないのです。そして、このマーヤに対する理解を与えるのは「母」の恩寵です。「母」の恩寵に触れることができれば、マーヤを理解し、この世界に戻ってくることができるのです。向こう側からすれば、すべては必然的ですが……。

漠然と表現するならば、絶対者や、二元的な次元で絶対者の正の顕れである「父」は、我々に真理のなんたるかを悟らせてくれます。しかし、この理解においては、この世界は単純にマーヤであるという理解であり、考察不要と判断されます。なぜならば、この世界はマーヤという無知を基としており、いくら考察したところで、ひたすら堂々巡りをする真理のない世界だからです。いっそのこと、バッサリと断ち切ることが悟りの境地の安定に繋がるのです。しかし、これでは世間との関わりが完全に断たれてしまいます。

悟りというのは、我々の普段の思考状態とは全く異なったエネルギー状態の思念を持ちます。この思念はエネルギーを伴っており、唯一絶対という方向で決定すると、それ以外のマーヤ的な情報は無用なものとして確定し、すべて排除されます。しかし、現実はマーヤであり、その影響は覚者にも及ぶので、なるべくその影響を受けない環境に自らを置こうとするのです。

しかし、「母」の恩寵により「母」が認識されると、自らの精神のエネルギーは相対的な見方をするようになります。

以下のように説明することもできます。絶対者という見方では、真理がすべてなので、真理という肯定と、マーヤという否定が存在します。しかし、「母」の認識では真理とマーヤはともに肯定されます。否定するものがないのです。

しかし、マーヤを肯定するからといって受け入れるわけではありません。認識上肯定されているだけであり、マーヤそのものはマーヤとして認識されています。

問題は何事も認識されなければ認識されないように、マーヤもマーヤとして認識されなければ認識されることはないのです。否定することも認識されていることには違いないのですが、否定されるのと、肯定されるのでは影響が異なるのです。目の前に問題がある場合、ないと思えば解決するわけではありません。問題は問題として認識され、解決される必要があるのです。

このようにして、マーヤがマーヤとして認識されるとマーヤとして理解されます。マーヤとして理解されることによって、真理ではないもの、取るに足らないものとして認識されるので、足止めを食っていた精神のエネルギーは流れ出し、心に平安がもたらされます。

意識の目覚めにおいては、目覚めるときにある種の神秘的な体験をします。ただし、一般的な神秘体験とは異なります。一般的な神秘体験では、瞑想中などにおいてマインド下で起こるものですが、悟りの体験の場合は、すべてが現実的なレベルで起こります。ヴィジョンを見るなどのレベルではなく、現実に起こります。「母」らしきものを瞑想中ヴィジョンで見るのではなく、実際にやってくる体験をするのです。

しかし、このような体験が起こるときには、魔も同時にその場に存在します。この宇宙はバランスを取るようにできているので、神の体験のようなことが起こると、その歪みの修整のために、必ず反対の勢力がそこには出現し、バランスを取ろうとします。これは自然なことなので恐れるには足りないのですが、先程述べたように、「母」の恩寵によってマーヤや魔を理解できないと、魔という存在を認識できないため、やってきても気づかないということが起こります。そしてそれに気づいていないと、その影響下に置かれてしまうということです。つまり、「母」の恩寵によるマーヤと魔の看破力がなければ神の体験には魔が入るということです。ここから邪教というのが生じます。隠遁でもするなら話は別ですが、人々と関わっていくとなると、伝聞が起こるので、伝聞が起これば、ひとつのカテゴリーが生じます。これを邪教とするのです。

これを避けるには、「母」の恩寵を必要とします。宇宙には仕組みがあります。この仕組みというのは「母」によって創られています。

これを簡単に説明する前に言葉を理解しなければなりません。特に日本語は曖昧な表現が多い言語です。神とか魂とか、これらの言葉は漠然とその辺りを表しています。便利なときもありますが、足りないときもあります。

絶対者ブラフマンは形なき存在であり、日本語では神です。ブラフマンとダルマである法は分かち難くひとつです。ブラフマンは法であり、法はブラフマンです。その法が宇宙を超えて存在しており、すべてはこの法の支配下にあります。そして、この法の中に存在する仕組みによってイーシュワラと呼ばれる創造神が生じます。創造神は「父」と「母」のように相対しており、この世界の相対の理です。これらはダルマの法則の中に組み込まれた理なのです。そこから「母」は創造を行うわけですが、この創造のプロセスは相対という仕組みの中で完璧にバランスが取られています。

この理から、あらゆる現象には必ずバランスが付いて回るのです。悟りのような体験も例外ではないので、そのような体験の反対はマーヤや魔です。つまり、「神がない」という意味は、「マーヤがある」という意味になるのです。

こうして、全人類がマーヤの支配下にあり、あたかも、個というものがあるがごとく錯覚するのです。

しかし、これはあくまでも究極的な話であり、普段の我々は自らのマーヤの世界観に支配されています。このマーヤの支配を取り除くには、「母」の恩寵が必要になるということです。

第二部

講話と問答

マーヤを知るためには
「母」を知らなければならない。

I　母《マザー》

あなたが知らなければならないのは
人としての母ではない。

それは偏在する
母性である。

――どのような経緯で「母」に至ったのか教えてください。

一九九九年十一月、私は「神がわかる」という体験をし、その目覚めた状態で半年間を過ごしました。しかし、その後、日替わりで私の意識がマーヤや魔に傾いたり、神になったりするのです。当時、マーヤや魔のことがわかっていなかった私には、それはただの浮き沈みに見えました。

「私はわかったはずなのに、昨日はあんなに神があったにもかかわらず、今日はどうしてこんなにも普通の意識なんだろう？」といった感じです。仕組みがわからなかったので、結局自分に何が起こっているかがわかりませんでした。悟りとはこんなものなのだろうか？　不動ではないのか？　という感覚でした。

しかし、半年経ったときに「母」が私の前に顕れました。そこで「母」が、「原因は『マーヤ』にある。それは私がクリエイトした。神がわからないのは『マーヤ』があるせいだ」と教えてくれたのです。神がわからなかったときはずっとマーヤに侵された状態であり、神がわかったときにそれは取り除かれたにもかかわらず、マーヤのことを知らないから再びそれにやられた状態になってしまうのだ、と。

それはなぜかというと、心が今まで通りに反応するからなのです。今まで通りの反応をすると「マーヤ」に侵されてしまう。しかし、「マーヤ」という言葉を知らなかったために、今まで通りにしか反応できなかったということなのです。それでは「かつての私」と同じですから、神がわからなくなってしまうわけです。

「母」が来て、「それを『マーヤ』というんだよ」と教えてくれ、そのマーヤなるものが立体的に見えたのです。それは、以心伝心ですね。「母」からそのすべてが自分の中にインストールされたような感覚です。「魔」のこともそうです。しかし、それを言語化するのに二週間くらいかかりました。ですから、私は二週間ずっと家に籠り、自分に起こっていることのすべてを言語化することに取り組みました。

――どうしてマーヤや魔のことをわからせた存在が「母」であるとわかったのですか。

神がわかったときとは違う何かが来たことがわかりました。神がわかったとき、それは「すべて」でした。「母」が来たときには、誰か女性が来たように感じられたのです。

そこで、色々と問いかけをしてみました。しかし、どれもピンとこなかった。最後に

「お母さんだ！」と言ったら、ものすごいエネルギーの渦巻きが起こったのです。それはもう、神秘体験という括り、「説明を求めないでください」という領域になってしまいますけどね。

こういう言い方をすると語弊があるし、嫌だと思われるかもしれませんが、私の感覚からすると、神が教えてくれたことというのは、凸の部分であり、「母」が教えてくれたことは凹の部分にあたります。陽の部分を神、「父」が教えてくれ、陰の部分を「母」が教えてくれたのです。

陽の「父」は、単純に世界をクリエイトする前向きなエネルギーである一方で、「母」は、神が創りたいという世界を成立させるために、どれほどのバランスを取らなければいけないか、正と負のバランスを取らなければいけないか、そういうことをものすごく精密に組み込み、宇宙のバランスを創ったということがわかりました。

「母」がマーヤや魔を創ったのです。ですから、これを教えてくれるのは神ではなく、「母」なのです。

そして、「母」が私にそれらを教えてくれ、それがわかった途端、次の日からマーヤや魔にやられ続けることがなくなりました。やられたら、それらを解いていくことで、神が戻るようになったのです。

――「母」とは、つまり何者ですか？

「母」というのははっきり言うと、マーヤのことです。マハーマーヤ、つまりマーヤの代名詞というか、頂点に立つものということですね。

ここもまた、説明するのが難しい部分ですが、もともと空の性質や絶対者の性質というのは「唯一」ということであり、ふたつに分けることはできません。ですから、そこにおいては、「母」というのは在りません。しかし、私たちは確かにこの雑多な世界に生きているわけです。この雑多な世界というのは、「母」と「父」に分かれたところから始まっています。そして、結局そこを原点としてこのすべての多様な世界というのは発生しているということですから、「母」の在り方というのは「こっちの世界」にもかかっているし、「向こうの世界」にもかかっているということになります。世の中に「あっち」と「こっち」にまたがって存在しているものがあるとすれば「母」しかありません。「母」だけが「あっち」のこともわかっているし、「こっち」のこともわかっているわけです。ですから

「母」のことを知っているマスターたちは、「母」が一番の近道だと言うわけです。なぜかというと、「母」を知ることによって、「向こう」を知ることができるからです。

「母」というのは、確かに空性《くうしょう》と別のものではないとも言えるし、マーヤの世界の総元締めと言うこともできる。

絶対者、神という捉え方をしたとき、そこにはもうマーヤの入る余地はありません。「唯一絶対だけ」という感覚があります。そして、「母」が入ってくることによって、私と絶対者の間の中継者が成り立つということになってくる。

しかし、これはあくまでも方便的なことです。話を聞いている人もそれぞれですから、「母」がない人にはなくて良し、ということになってきます。

——神がわかったときに知り得た神の叡智というのは、普遍的なことに対する叡智であって、「母」が来たことで得た智慧はこの現象界におけるものということですか？

そうですね、私からすると、「母」から教わったことは「現象界の捌《さば》き方」ということになってきます。現象界を動かしている目に見えない原動力となっている部分や、人間を動かす原動力となる力――これは表面的にはあまり見えていないものが多いけれど、人間というのは欲望を動力源にして行動をするし、社会も欲を動力源にして動いているのであって、こういった欲がなければ世界は止まってしまいます。そして、この欲をうまく使って世界を動かしているのは何かというと、それは「魔」ということになります。

しかし、結局それをさせているのは神であって、魔的な存在の活動がなければ、みここ ろ通りに物事が動くことはありません。しかし、人間というのは仕組みがわからないために、そこで完全に騙されてしまうわけです。見たものを一〇〇パーセント信じてしまうところが人間の弱点になります。

そういう意味で言うと、現象と関係なく意識を見たとき、私たちの意識が見るポジティブな部分というのは、結構な確率で神というところから来るものであり、ネガティブな感情への気づきというものというのは「母」から来るものです。

神に意識が向いているときはネガティブな感情は出てこないので、その神を想うポジティブな気持ちにだけ気づいていれば良いわけだけれど、ネガティブな感情になっているときは神もなくなって、そもそも気づきが伴わないということがあります。そういう自分を客観的に見ることができないという状態になってしまう。

そこの自分を気づかせてくれるのは、神ではなくて「母」だということになります。そして、その仕組みを教えてくれるわけです。「お前はなんでこんなに落ち込んでいるんだと思う？　神がないからよ。じゃあ、なんで神がないんだと思う？　マーヤがあるからだよ、魔があるからだよ」、そういったネガティブな世界に対する理解ですね。


どちらかというと、スピリチュアルな世界においては、ネガティブな世界には臭いものに蓋をして向き合わせないものも多くあります。それは、そこに向き合うとさらにやられてしまうからです。

私がなぜ「ネガティブな方に目を背けるな」と言うかというと、第一段階でやられるのはスピリチュアル好きな人も、私たちも変わらないわけですが、マーヤとか魔という言葉がないと、そのやられた状態から、第二段階のやられた状態、第三段階の……と、どんどん堕ちていってしまうからです。しかし、ネガティブな状態になったときに、マーヤや魔である、という気づきを持つことによって、この状態から抜け出す鍵が与えられます。だから「恐れずにネガティブな方を見てもいいんだよ」と私は言うわけです。

「これは何ですか？　どこから来ましたか？　いつあなたの中に入ってきましたか？

目的は何ですか?」……と「マーヤ解き」や「みこころ解き」という武器を持って、調理できるということです。「母」がいれば、これと向き合っても勝てるというすごいアイテムを手にした、ということです。

こう言うと語弊があるかもしれないけれど、神が顕れたことによって宇宙の真理、まさに正の部分が教えられて、「母」を知ることによって宇宙の負の部分が教えられた。自分の中で父と母に正と負を教えてもらったことで、はじめて自分の意識が安定した、ということになります。ここで完全なる安定状態がもたらされたということになります。

結局「母」の本質は愛です。愛は神よりも母の方がはっきりしています。それは、神は「唯一」の状態であるがゆえに、個別の顕現というものがありません。ですから、神において愛が顕現することはないのです。叡智とか愛とかいう個別の顕現はしません。しかし、神が「父」と「母」に分裂することで、「父」は智慧であり、「母」は愛であるということにおいて、はじめて顕現します。ですから、「母」は愛以外の何者でもありません。そして、それはまさに人類すべての人が求めているものです。どんな答えよりも愛が欲しいわけです。答えがあっても愛がなければ、意味がないのです。その愛を体現しているのが、他でもない「母」だということになってきます。

――「母」に力を貸してもらうにはどうしたら良いでしょうか?

「母」に力を貸してもらおうと思ったら、祈ることです。ただ、ある程度覚悟もしておいた方が良いと思います。「母」に力を借りると、ものすごいラッシュになるからです。物事が目まぐるしく動くから、動体視力を身に付けないと目が回るくらい速くなっていきます。「あぁ、母よ……」と言った瞬間に、竜巻の中に巻き込まれるくらいスピードアップします。

ですから、「母」を体験したければ「母」に向いた方がいい。

神という物事が顕現しないものに向かっているときは、どちらかというとあるがままのペースになりますが、「母」に向いたときに愛というエネルギー、つまり、シャクティを受けます。それは完全に「力」なので、愛を悟らせるための展開というのが次から次へと目まぐるしく起こってきます。それは、人間の側からすると、すごく忙しくなるということを意味します。現象として起こってくるから、それも収拾させていかないといけないし、体調の変化も起こるからそれにも収拾しなければならない。マインドの混乱も起こる、それも収拾させていかなければなりません。でもそれは愛ゆえであって、早く愛に辿り着かせようとする作用なのです。

例えば、「彼女がいなくて寂しいな、彼女が欲しいな」とか「パートナーが欲しいな」と思っているときは、孤独を感じているわけです。寂しさのようなものを感じているからそう思うのですが、日常自体は安定していると思います。彼氏や彼女ができて喜ぶのも束の間、一週間して喧嘩して大目玉をくらって、マーヤになったり、調子が悪くなって、「俺なんかもう生きている価値がない」と思ったりする。若いときにはそういうことがありますね。二、三日大喧嘩してやっと仲直りしても、一週間したらまた大喧嘩。パートナーができた途端に、ガーッと忙しくなるわけです。そういうことが繰り返されるというのは大変だけれど、パートナーがいなかったときに感じていた物足りなさ、心の欠けた感じというのは、もう意識しなくなっているわけです。それと同じことです。

「母」がないときには、心の欠けやもの悲しさ、半端感をすごく感じているけれど、「母」を求めていくと、満たされていきます。その代わり、すごく大変になる。それはパートナーができる状態とほぼ一緒。この「母」と向き合って大変になったというのは、ある部分では克服され、満たされている状態です。「母」と付き合ったから、大変になったのは仕方がないなと思えたら本当は一番良いですね。

私がこの認識に至ったのは「母」のお陰であって、「母」がいなかったらここには至れなかったと思います。「母」には感謝してもしきれないくらいです。ですから私は「母」をおすすめしますが、手放しではすすめません。ある程度覚悟してもらってすすめます。皆「お手柔らかに」と祈っているでしょう？　「マザーアタック」という言葉が存在しているらしいですが、神はアタックしないけど「母」はアタックします。ですから、ひとまず私はすすめますが、良いとも悪いとも言えません。でも、注意したからいいよね？

はっきりと言ってしまえば、母を無視して通れるのであれば、無視して行って良いと思います。必要なら向こうの方から関わってくるからです。そして逆に、そこから逃れられることができません。

私に関しても、私の方から「母、母……」と言ったわけではありません。「母」が私のことを追いかけ回してくるのです。逃れられなくて「母」の意志に私自身も従うといった感じです。

最近私のところには、マザーに関係の深い人がよく来るので、「母」の話になるということもありますが、マザー関係の人はこの「母」の感触をすごくよくわかっています。「母」と関わっている人が経験する独特の世界観がそこにはありますが、それがなければ、それは無視して通過して問題はありません。絶対に「母」をわからなければいけない、ということはないのです。

逆に、「母」のエネルギーと関わってしまっている人は、ある意味でエネルギーにアタックされることは覚悟しておいた方が良いと思います。

基本的に、「母」というのはマーヤであり、潜在的なマーヤのエネルギーはものすごいものがあるからです。それが、わかってしまうような形で良い方向に作用することもあるし、逆に悪い方向に作用する場合ももちろんあります。

――悪い方向に作用するときは、どのように対処すれば良いのでしょうか？

一番に、あくまでもこれが最も正当性のある神の認識だろうと思えるところに、自分の認識をリセットする必要があります。

この世界のものは必ず相対するというのがこの世界のテーゼです。どんな科学でも物理学でも反対のものがある。そして、この世界は生じた世界だから、必ず滅する。そういう、変化する世界です。

この世界は時間とともに必ず変化していく世界だけれども、それに対応する永遠が必ずあります。この世界は空間の支配を受けるけれども、空間の支配を受けない無限の世界があります。この世界は多によって構成されるけれども、その反対の「一」の世界が存在します。ということは、その「一」であって、「不滅」であって、「無限」である。それが、「神」という設定をすると良いと思います。

例えば、啓示をくれる神や、現れる神、動く神、そういった神の「動」の側面ではなく、「不動」の側面を祈る対象に持ってきた方が間違いがありません。不動であるから作用もないのだけど、絶対的な状態というのに自分の意識をリセットさせることによって、あらゆる不安定な状態を消し去ることができると思います。

こんな寓話があります。チベットにミラレパという聖者がいました。薪を拾いに行って、帰ってきたら自分の洞窟に魔物がいて、その魔物と闘わなければならなくなった。ミラレパは四、五十年ずっとヒマラヤの洞窟で裸で瞑想して過ごしていたという、驚異的なヨーギーです。毎日イラクサだけを食べて、体が緑色になってしまったという人です。

ミラレパは、しばらくそれらの魔物と闘っていたのですが、敵もさることながらで、決着がつきません。あるときふと、魔物の力に自分の力で闘い続けても全く無意味だと気づき、「闘うのを止めよう」と思いました。座して「すべては空性である」という禅定《ぜんじょう》にパーッと入った瞬間、魔物も消えてなくなったという話があります。

この話が指し示しているように、例えば悪霊が憑いたら、その悪霊に対してお祓いをするといった力合戦をやっていても何も解決しないという話で、絶対的な空性というあるひとつの真理の状態、その状態に自分の意識が完全に一体化してしまう空性の瞑想をしたら、途端に全部消えてなくなった、ということです。

つまり、空性でも、神でもいい、表現こそ違え、ニュアンスとしては一緒です、そのような絶対的な状態というものに自分自身を一体化させるということ。もう少し低いレベルでは、捧げていくというか、委ねていく。絶対的なものに常に自分の意識、照準を合わせていくことが大事だと思います。

属性を伴った人格神を対象にしている限り、そこには形象があるので、形があるところには形があるものがついて回ります。そのようなものがマーヤとして認識されることによって消えてなくなるのはなぜかというと、マーヤというものは「あってないもの」というのが前提にあるからです。だから「この人からマーヤを貰ったんだな」というのは、「あってないものなんだ」という認識をすることによって、そこから来ている妙なエネルギーや、おかしくなった認識をすべて無力化することができるということです。

マーヤという言葉が持つ力を理解することが必要です。マーヤという言葉を使うことによって、影響を受けることはあっても、実は存在しないという認識をすることで、それが存在する原因のすべてを取り除くことができます。

――「母」を理解しつつマーヤから覚めるというのはどういうことですか？

これにはひとつの次元の違いがあります。

知的な解釈の次元と感情的な解釈の次元がありますが、まずそれを超えた究極的な状態というのは、その「神」というものを認識する「私」が消滅することです。そこでは神も私もない、究極的な状態ということですが、それとは別に、神とか空性を知覚として認識するという次元が存在しているわけですね。そこにおいては、感情的な問題は出てきません。神が存在することや私が存在することをありのままに捉える私の状態です。ここでは、認識機能というのが優位に働いているところだと思います。そして、感情的な次元というのはよりマーヤ的な次元です。ただ、他者に対して慈悲の心を持つといったことはこの次元のことです。人を愛しましょうとか、右の頬を打たれたら左の頬を出しましょうとか、慈悲や慈愛、人類愛といった次元は、この感情的な、より心の粗雑な次元における認識にあります。

ですから、この感情的な次元は「マーヤだから」といって、切り捨てるということはできなくもありません。人によっては「そういうことを考えてしまうとマーヤになるから考えません」と言う人もいて、それはそれで良いと思います。その次元に自分の感覚でどれだけ繋がってしまうのかの問題だと思うけれど、次元が違うという風に解釈すると良いのではないかなと思います。

――女神に祈ることは「母」に祈ることになるのでしょうか。

女神は「母」ですが、「母」は女神ではありません。「母」は「母」です。すべての女性性に「母」は宿っています。男性と女性だったら女性の方、雄しべと雌しべだったら雌しべの方が「母」の性質を強く受けています。つまり、「母」というのは、女性性の中に見ることができるので、どの女神も「母」であることに違いはないけれど、女神が「母」であるわけではありません。女神が「母」というのは誤った認識になってしまいます。その辺りを認識することが必要だと思います。

地球上では男性女性、雄しべ雌しべ、雄雌と分かれていて、「母」というと雌側、「父」というと雄側ですが、では、雄と雌は「父」と「母」にあたるのかといったら、そうではないわけです。ですから、やはり男女というカテゴリーの中に「父」や「母」を持ってくると失敗してしまいます。人間の男女のカテゴリーに含まれるわけではないからです。私たちはそれに含まれているけれども、それが私たちに含まれているわけではありません。

なぜ世の中の宗教におかしなものがあるかというと、多くの場合、その宗教の中に神が在るからです。本当は神の中に宗教がなければならないのに。そうなったら争う必要性はなくなります。異なった方言がそれぞれに与えられているようなものであるにもかかわらず、「俺の神が正しい」というところで言い争いになってしまうのです。宗教の中に神が在るわけではなく、神の中に宗教が在るのです。

当然のことながら「母」をイメージしたとき、女の人をイメージするのも違います。私の観た「母」は透明なガラス板のような存在でした。亀甲模様の透明のガラス板が宇宙にはりめぐらされていて、それが「母」だったのです。これには、女性や男性は関係ありません。

絶対者というと、宇宙を超えています。ですから、神というと宇宙が出てきません。しかし、「母」というと、宇宙が舞台なのです。気づいたら宇宙空間に「母」がいて、目の前に透明なガラス板の「母」がめぐらされている。六角形が宇宙全体をめぐっている。それがめぐるプログラムというのは、それを超えたところからやってきている、そのようなニュアンスです。

でも、これは私が体験していることで、すごく感覚的なことなのですね。私の中ではそういう仕組みがトータルで完結していますが、それを経験したことのない人に言葉で説明しようとしていることが最大限できることであって、それを信じなくても構いません。各々が体験できるのが一番ですが、ハードルは高い。だから信じた方が楽ですが、必ずしも信じなければならないということはない。神が皆に何を与えるのかは神の問題だからです。そして、それを受け取れるか受け取れないかは各々の問題だからです。

——「母」が強く顕れるのは、時と場所を選ばないように感じられますが、それに意味はありますか?

「母」の意図はあると思います。常にセッティングした環境下で来るとしたら、それは自分が作り出してしまっているように思えますが、全く予期せぬときに、自分は止めてほしいのにもかかわらず来るようなときはありますね。「なぜ今来るのだろう？」と問う人にとっては、「なぜ来るのか」と問わせる仕組みがあると思うので、意味を考えても良いのかもしれません。

——マザーとシャクティとマーヤはそれぞれ言葉が違いますが、同じことですか？

全部同じです。マザーというのは英語、シャクティとマーヤはサンスクリットです。日本語で言ったら「母」でしょう。

「母」と母性というのは違います。母性は「母」のエッセンスを指しているので、より究極的な意味合いを持っています。シャクティやマーヤ、マザーというのは、それぞれが指し示しているディテールが違います。

「マーヤ」はニュアンスとしてはマザーの力をネガティブに捉えた感じです。マザーの創造はマーヤシャクティによって創られています。マーヤシャクティによってこの世界が創られ、この世界にいる私たちは、マーヤシャクティのお陰で存在しています。ですから有り難いことだけれど、マーヤシャクティというのは、本質を無知とします。

叡智というのは一元です。二元はマーヤ、つまり無知です。なぜかというと、人間は多に分かれることから混乱が始まり、多に分かれることから闘争が始まり、多に分かれることからすべての苦しみが生じるからです。一であるところに苦しみはありません。選択肢がふたつ以上あれば悩むけれど、ひとつしかなければ悩みません。シャクティによって私たちは創られたから、それに感謝することは多いけれど、この世界は多で成り立っているわけですから、結局それは無知であり、無知に覆われているということは、私たちがその世界に囚われている限り悟りに到達できないということです。つまり、マザーの恩寵で存在しているけど、それによってここから抜け出せないでいるということです。

しかし、逆に言えば、マーヤというヴェールを取り除いてくれるのもまた、マザーだということです。それをかけたものにしかそれを取り除くことができないからです。組み立てが難しいテントを畳むには、組み立てた人に聞く必要があります。組み立てた人が一番わかっているからです。ですから、このマーヤの世界を構築した「母」がマーヤのことについて一番よく知っているということなのです。
神に聞いても教えてくれません。マーヤを創ったのは神ではないからです。神はとにかく「ここに来い」としか言わない。「母」に聞くと、「それはね、こういうことなのよね」と教えてくれる。そうするとマーヤがスルスルと解けてマーヤから自由になることができるわけです。「母」から見るとそういう側面から見ることになります。

これを「シャクティ」という側面から見るとどういうことになるかというと、シャクティは、創造力、生命力的なものを表すときに使う言葉です。春になると色々な花が咲き、虫が孵化《ふか》してくる。あれは、熱の要素だけからそうなるわけではありません。生命力という磁力によります。ですから、暖かくても寒くてもだいたい同じ時期に花が咲きます。そこで花が咲いて実がなってすべて落ちて冬眠して、また春になって……と、それを動かしているのは、ある目に見えない磁力です。それが「母」のシャクティなのです。

子どもを育てたことのある人はわかると思いますが、子どもが育つためには、母親のシャクティが必要です。父親も愛情を持っているけれど、見えない磁力が働いているなというのは、お母さんであれば皆わかっていると思います。はっきり言って子どもは父親を無視します。三歳くらいになってはじめて父親を認識するのであって、それまでは子どもからすれば、お母さんと、その他の人。泣いている子どものところにお母さんが来て、ホイッと渡してはじめて泣き止みます。そのように、子どもは母の磁力で育ちます。言葉で表現しようのない磁力が子どもと母親の間にある。その磁力で私たちは生まれ育っていく。これがシャクティという言葉の側面であり、これはマーヤとは逆のポジティブな言葉の側面ですね。

「母」は、やはりこの世界というのを正の力と負の力のバランスによってしか成り立たせることできないことがわかっているわけです。「母」がこの世界をクリエイトしたわけだから、自身がクリエイトした世界を維持するために、常にエネルギーの勢力の正と負のバランスを取っています。その正負のバランスを取らせるために、魔であったり闇であったり、そういう勢力を存在させていて、私たちは日々それらにやられることでバランスを取っているわけです。

それらのことには、この世界をプログラムとして動かしていくマザーの目的があります。でも、「母」の目的と私たちの目的は関係ありません、「母」の目的はマザーの目的であって、私の目的ではないからです。

私の目的は何かというと、それは神と「母」が私に何をさせたいのかということになってきます。私たちからすれば、私たちが存在する理由です。なぜ私がここにいるのか。私たちはそれを知ることができます。そうすると、自分が今ここに存在することの理由と目的が明確になる。そうなったときに私たちはすべてから解放されます。あとはただ、みこころに流されていくだけになります。

――なぜ、「父」と「母」ではなく、神と「母」なのでしょうか。

神という状態は「父」と「母」が混然一体になっているので、状態というのがデフォルメされずに全体でひとつになっています。ですから「ただ起こっている」という感じになります。そして、究極の状態の神がある状態というのは、「一」ということすらもぼやけるわけです。「一」という状態すらもぼやけると、アドヴァイタが言うように「何も起こっていない」になります。

ぼやけたものが「一」になって、ひとつのものがふたつに分かれて、ふたつのものがより人格神的になると、「出来事は起こっていない」から「ただ起こっている」になって、

「意図的に起こっている」になり、それがどんどんわざとらしさを増していくということになります。そのときの「父」は、この「一」であったときの取りとめのなさを色濃く反映しているわけです。そして、「母」の創造者としてのリアリティーは増していくということですね。丁寧に説明するとこういうことになります。

神というと、「父」と「母」が一体となっており、ここでは、神のみこころが必然的に起こりますが、「母」と「父」と分けた捉え方をするときには、「母」が行為をしていることになるのです。

絶対真理というところから話すと「父」の存在を省くことはできないけれど、現象に起こるみこころというところで話すと、神か「母」か、ということになってしまいます。真理の追究ということになると、デフォルメされている「父」の空虚さというのは、やはり「一」であるという答えを持っているので、現象を無視する考え方で行くと、父なる神という部分が強く出てくると思います。ただ、私は現象世界、この被造物という部分から見ているから、どうしても「父」より「母」を重視してしまうのです。

同様に、神が酷なみこころを与えるというのと、「母」が酷な状況を与えるというのでは、「母」が酷な状況を与えるという方が、ダイレクト感があります。神が酷な状況を与えるというときはどちらかというと、必然的に起こっているように感じられますが、「母」の場合は常にそこに教えがあるのですね。自分の中の理解が深まっていくというか、より直接的に意図的なものを感じる。

「母」には相対的な性質が強く出ているので、例えば、漠然と神の愛といったときの愛よりも、「母」の愛というときの方が、愛は強く出ることになります。神の愛という表現をしたときは、高度な次元で消化されているので、その分、情の部分はどんどんなくなっていき、愛の本質の部分になっていきます。「母」の愛になってくると、情は人間のものだから情ではないけれど、その深みというものが強くなってきて、私たち人間からするとわかりやすくなってきます。

――「母」の愛はどのようにしたら感じられるのでしょうか。

誰かに対して溢れる愛の気持ちが出てくるとします。その気持ちが「母」から来ているということを理解すれば、自分も同時に愛されているということがわかります。

そもそも、誰かを愛することができるという資質を与えられているということ自体、「母」から愛されているということです。

皆は答えを知っているけれど、わかっていない。やはり、体験です。自分の体験を通して落ちてこないと、それをわかったという状態にはなりません。ですから、それをわかる経験というのが必要になってくるということです。それは避けられません。

――母性と女性性は同じものですか？

母性は男性性や女性性とは別物です。男性でも母性を持つことができます。男性性と女性性は神のプログラムです。しかし、母性は愛に近いと思います。ただし、愛という表現には幅があり、低い次元から高次元のものまであります。母性はその中でも高い次元の愛とある意味で同義語だと思います。

一般に知られる母性というのは、親になった母親が子どもに対して持つものというイメージがありますが、父親であっても母性的な愛が子どもに対して溢れることはあります。

また、私たちは神にとっては子どもなので、神が私たちに対して持っている愛というのは、母性的な愛ということになってきます。それがひとつの母性の愛の形です。

それでは、どのようなときに男性が母性を持つかというと、それは近からず遠からず、女性的な愛を持つというのが母性的なものだと思います。母という言葉で表現されるように、母性は女性性的なものですが、女性性の中にあるかというと、それよりももっと広いものを指します。

ある意味で、母性とは女性性のエッセンスであり全体であるといったような、すごく抽象的な答えになってしまうのは、母性はやはり「母のもの」ということがあるからです。

私に母なる意識が流れ込んできたときに、「この母性というのをどこに見出すことができますか?」と尋ね、私が理解し得た答えは、「すべての女性性の中に」ということでした。そして、「これを知っている男性はいますか?」と尋ねたときに、自分の中に出てきた男性は皆、悟った人たちでした。まぎれもなく聖者や賢者や悟りの段階に到達している人たちだったわけです。彼らは男性であっても母性を理解し、それとひとつになっている人たちだということです。聖者は中性的です。チベットのラマも、お婆さんのようだったりします。聖者たちは歳を取れば取るほど、女性的になります。逆に、女性の聖者は男性的になっていくように思われます。つまり、男性性や女性性を超越して、母性になっていくのでしょう。悟りの境涯に達し、そこからすべての生きとし生けるものに対して、母のような意識で見守る心の状態に行き着くのだろうと、私には感じられます。ですから、母性は男性性や女性性に限定されるものではありません。

ですが、子どもを産むことができるのは女性だけです。ですから、女性は誰しも疑似母性のようなものを経験できるのではないでしょうか。男性は覚醒しない限りできないと思います。女性は母性を体験できますが、それが仮のものか本当の母性かは、その母性の神髄を理解できているかどうかにかかっているでしょう。

II　マーヤと魔──「母」の創造物

すべては母から生まれる。
この世界に母から生まれないものはない。
母とは
偉大なる創造の力なのだ。

――マーヤと魔の違いがよくわかりません。

魔というのは、実にうまいこと私たちに入ってきます。その人の欲に付け込んで入ってくるわけですから、上級になってくると、魔との知恵比べになってきます。ですから、魔との駆け引きにどのようにすれば勝てるかということになってくるわけですが、今の段階ではマーヤを解く訓練をしていくのが良いと思います。これを見てこのように思い込むというのは、それを見せる魔、それを聞かせる魔というのがいるからです。ですからマーヤを扱っているのは結局、魔です。

放射能がマーヤ、ゴジラが魔のような感じです。しかし、ゴジラを東京に上陸させたのは神なわけです。結局神がやっている。神が魔を使ってマーヤにさせて、逆にそれをかき分けて這い上がってきた人に、神の智慧という恩寵を与えてくれるということです。私たちはそういうゲームをこの人生を通してやっているということなのですね。すべてはゲームです。

マーヤと魔の見分け方の違いを簡単に言うと、マーヤでは感情はそれほど動きません。ただ勝手に誤った思い込みをしているだけです。とても自然な流れでマーヤになります。

ですから、今の段階ではまずマーヤ解き。そして、今後「こういうものが魔だ」とわかるようになってきます。「明らかに悪意を感じるな」とかね。魔に対してはもっと意図というか、わざとらしさを感じます。

マーヤ解きをやっていると、そのようなものがどんどん明らかになってきます。そうしたら今度は、魔を解くことになっていくわけです。

魔の状態は、常に感情が動きます。すごく苦しいとか、悲しいとか、むかつくといったように、感情に訴えかけてくるときは魔の仕業です。それは自分の感情だと思っているけれど、本来感情なんて人間にはありません。その感情は外から来ているものです。怒らせられている、苦しませられている、悲しませられている、そういうプログラムが働いています。ですから「これは私ではなく、魔だ」という理解をするようにします。そうすると、たちまちエネルギーがなくなります。

――魔・魔境についてもう少し教えてください。

システムですね、ひとつの。人間が向上するために必要なものは苦難であったりします。

反対の出来事が起こらないと、人間は向上しないからです。

例えば、誰かと誰かが競い合い、より良いものができます。トヨタだけだったらそれほど良いものができないかもしれない。でも、日産が良いものを創れば、もっと良いもの、もっと良いもの……となります。競争している張本人たちは妬みと恨みでぐちゃぐちゃになっているかもしれません。それと闘いながら、良いものになっていく。その「ぐちゃぐちゃ」が魔、魔的な存在です。「させる」という点において。

これは、プログラム的に考えると、私たちを向上させるためになくてはならないひとつのものすごく重要なプログラムには違いないのですが、今私が説明したように、単なるプログラミングというよりは、人間一人ひとりに感情や魂があるように、それ自体に何か魂のようなものがあります。つまり、ただ無機質なプログラムということではなく、有機的な何かがそこにはあるのです。「考えているな」と感じられることもあります。

魔というのは大雑把な捉え方ですが、神の陽の部分を善とすると、神の陰の部分を魔と捉えることができると思います。神でないものではないのです。魔と神は異なるわけではない。例えば、神は光ではないのです。そうなれば、闇は神ではなくなってしまうからです。光は神の領域のものですが、闇という領域が神の手の届かないところに仮にあるとするならば、私たちに救いはなくなります。私たちは救われるか救われないか、どちらかになってしまいます。悪が絶対的に存在することになってしまう。しかし、「神がそんなものであるのならば、いてくれなくて結構！」ということになる。神は光でも闇でもないものなのです。

それでは、光でも闇でもないものかというと、光でもあり、闇でもあるものなのです。結局、神というのはすべてなのです。彼がすべてであるからこそ、私たちはたとえ闇に堕ちようが、光に救われようが、どこにいても必ず救われるということが保証される。これでこそ、絶対者の仕事である、と言えます。何人もらすことなく救うという、これが、神の完全性です。

神は、光でもなく闇でもなく、それを超越した存在であるのです。

ですから、闇、魔であっても、神の一部分であることに変わりはありません。そして、闇の世界を見ていくと、闇にもヒエラルキーがあります。さまざまなのです。

その闇の頂点の部分というのは、悟りと紙一重の話になります。末端の悪になると、人を殺すことや陥れるといった、ドロドロ、グログロとした世界です。そのドロドロ、グログロした世界を預かっているのは、例えばデーモンや悪魔と呼ばれるようなもの、そういうものが横行するような場所ですね。そこに関わることはあまりないとは思います。

光としての最上級の部分があるとする。闇としての最上級の部分があるとする。光としての最上級の部分は「愛」であり、闇としての最上級の部分は「知恵」です。

愛と知恵が勝負したときに、愛は一本勝負、背負い投げです。知恵というのは、色々な技を使ってくるのです。賢いのです。ですから、そこの狭間に立たされている私たちは、神に背負い投げ一本されたらとても簡単ですが、魔は手を出してきたり、足をかけてきたり、色々な技でもって攻めてきます。ですから、それにいちいち対応するのもとても大変なように、魔と私たちは、知恵比べをしていかなければなりません。

魂が二、三段階成長すると、魔も二、三段階成長します。いや、向こうの方が四段階くらい成長しますね。だからこそ、私たちはそれにやられ、マーヤになります。三段階愛が成長して、それに伴って魔が成長するのであれば、私が「やられる」ということはありません。しかし、向こうは四段階成長して、一段上から攻めてくるのでやられてしまう。そこで、それをなんとか解くと、そこからまた成長し、向こうはさらにそれよりも成長して、やられる……ということの繰り返しです。

結局、彼らの意図・目的は何かというと、そもそも矛盾していますが、神がせっかく創ったこの世界を壊したくないということなのですね。この世界を維持するためには、人間に成長されたら困る。人間の成長はこの世界の終わりに繋がるからです。人間が学ぶことが何もなくなってしまったらこの世界は終わりになるからです。神の愛があって、マーヤにもならなくて、魔にもやられなければ、何もすることがありません。そんな世界は存在させる必要はない。

神からすると、この世界を廃止したくない。私たちからしても、映画やドラマを見ていて、ワクワクハラハラする展開が続いていくのは面白いですね。神としてはこの世界を創った以上は、この世界を滅ぼしたくない。ですから、人間をわからせたくないのです。放っておくと、人間はどんどん成長するので、魔に妨害させる役割を神がプログラムとして創ったのです。

魔が私たちを邪魔しますが、邪魔することが魂の成長に繋がるように、神はそこをも読んだ上でのプログラミングをしているのですね。これを繰り返すことで私たちの魂は成長します。ですから、絶対こいつは悪だと思ったら、結局最後は良い人だった、といった目論見があります。すごく良いプログラムですが、やられているときは、それでは困る。

しかし、そのやり口たるや本当にすごいのです。

神の体験をしてしまった人からすると、神ほど普通なことはありません。当たり前の存在です。ですが、体験したことのない人からすると、神が存在するということを理解できません。一部に、神が存在することを知っている人たちがいる。そして、その反対側に神の存在を全く知らない、信じることすらない人たちが存在する。そして、中ほどにいる、わからないけれども信じるという人たちは、信仰者という部類の人たちですね。この三通りの人たちで人類は構成されています。同じ地球に暮らしていても、その人が理解する世界や感じる世界というのは、同じ人間界の中でも全然違います。同じ世界でも共有している次元は違うのです。

しかし、神がいない場所はどこにもないのです。ただ、見えるか見えないかということにこだわってしまっているから、神があることがわからないという状態になっているだけなのです。

そこで魔がどのように働くか。魔は「ある」ものを「なく」させるのです。それが魔のトラップです。そして、神の存在、自分とは何かをわかりかけてきた人がいるとすると、ここで魔が押し戻そうという力を働かせてものすごいアプローチを仕掛けてきます。そして、色々な妨害策を講じてきます。お母さんと自分の間に興味のあるものがあると、そこで歩みを止めてしまい、お母さんが呼んでいることも忘れてしまう子どものようなものですね。真理と関係がないけれど、関わりがありそうなニュアンスのものを私たちの周りにばら撒き、真理に導いてくれるかもしれないと思わせて、神に向かう歩みを妨害するのです。そして、ハッと気づいて、こんなことを探していたのではないと思う。それを繰り返しながら、やっと辿り着く。しかし、辿り着いてはじめて気づくのです。これが、最初から在ったということに。なぜ気づかなかったのだろう、と。

目が見えなくなってはじめて、目が見えていたことがわかるのです。見ることにおいて大事なのは自分の目の玉です。ですが、見えているうちは目の玉が大事だと、気づいてはいないのです。「見ている」ということがどういうことか知っているのは「見えていない」人たちなのです。ですから、見えているうちは駄目なのです。見えているものに執着するのではなく、目が大事なのです。神もそれと一緒です。私たちは見えているものに執着をしますが、神というのは最初からここに在る。元から自分に備わっているもの。そして、本来は神を通して私たちは世界を見ていたはずですが、マーヤや魔にやられているから、それを違うように見てしまっていただけなのです。

ゴールは元からここに存在しています。それが、最終的に辿り着くべき場所です。とにかくその邪魔をするために魔は存在します。そして、最後の最後、あと一歩のところで、子どもがお母さんに届くという距離に来たときに、魔は目の前に躍り出てくるのです。そして「私が神です」と言うのです。そうすると「あぁ、神だ！」と思い、魔を神だと思ってしまう人たちがたくさんいます。ですから、このトラップを解かないと本当の神には到達できません。そのトラップを解くのは非常に難しいのです。

ですから、私はとにかく魔、魔的な存在のことを口酸っぱくして言います。あまりにも言及することが多いので、誤解されてしまうこともあるのですが、それは、このくらい口酸っぱく言っておかないとわからないからなのです。高尚なところにおいて、神と魔の見分けはほとんどつかないのです。わかって攻め込まないと、やられてしまいます。敵陣を熟知して、魔のやり口を十分理解しておかなければならないのです。また、この世界はバランスを取るということが大前提なので、なくてはならないものでもあるとも言えます。

――マーヤや魔がなくてもこの世界は成り立ちますか？

成り立ちません。なぜならば、神がこの世界の操作を魔的な存在にやらせているからです。神がいて、「母」がいて、結局、魔的な存在が実動部隊として微に入り細に入り働くといった感じです。

映画『マトリックス』で言えば、アーキテクトがいて、オラクルがいて、エージェントがいる。エージェントは誰にでも入れるから、その人たちを使ってことを動かすのと同じことです。

一般の人たちにとっては、魔的な存在は魔として認識されることがありません。そして、自分たちが神と思っているものが、実は魔である可能性はとても高い。

魔的な存在のことを人々はとても恐れますね。しかし、怖がるということは、本当の「からくり」を理解していないからだとも言えます。本当の「からくり」を理解したら、当然自分には敵う相手ではないけれども、私はその存在に負けない智慧を神から授かっているから、「やってやられて、やってやられて……」という状態を繰り返しながら、常に互角に戦い続けている、というような感じですね。

そしてそれが、またひとつの大きなバランスになっていくのです。

――魔的なものは、悪魔とは違うのでしょうか。

魔というのは、私の認識でいくと、飛行機の左の羽のようなものです。右の羽が天使にあたります。しかし、飛行機は羽が大事なのではなく、大事なのはトランスポーテーションの機能ですね。つまり、人がA地点からB地点に行くのが大事なことです。輸送機にしてもそうですが、結局のところ運搬能力が大事なのであって、羽だけがあっても仕方ありません。

胴体も大事ですが、胴体だけではAからBに移動できません。移動するには、羽が必要です。できれば右の羽だけで行きたいと思うかもしれませんが、両方の羽があってはじめて飛ぶことができます。バランスを取るために必要不可欠なものです。そして、その飛行機全体が神です。

昔の聖典を読んでいると、修行者は必ず「この世に対するすべての欲求を捨てなさい」

と言われます。今でこそ、精神世界は適当になっていますが、昔は世俗を捨てるということがパーミッションでした。今は喜びなさい、楽しみなさい、などと言いますが、昔は世俗を捨てられない人間は修行することも許されなかったわけです。ですから、静かなお寺に入ってそこで修行しなさいとか、この世の楽しみを享受することを禁止されていたわけです。

ということは、もともとの宗教の捉え方からすると、この世界と宗教が説く世界というのは、逆であるということです。昔の宗教家はどのように捉えていたかというと、この世界は魔境だと。魔の所業だと捉えていたわけです。

イエスが荒野での四十日間の試みを受けたときに、サタンが現れ、「あなたが神の子ならばこの石をパンに変えてみなさい」とか、高い山の頂に連れていき、「この世のすべての国と栄華を見せ、私に平伏するならば、これらをあなたに与えましょう」と言ったと伝えられています。そして、そのたびにイエスは「サタンよ、去れ！」と、追い払うわけです。パンも街もサタンの配下にあるものだと。ですから、宗教の道を歩むものは天使と神と仲良くなって、この世界との一切の絆を断たなければいけないということになります。なぜならばこの世界はサタン、つまり魔によって成り立っているからです。

実際この世界というのはどうなのかというと、やはり魔境です。経済によって成り立っているでしょう？　貨幣経済というのは魔です。それを取り上げたら人を死に追いやることもできる。それを独り占めしたら化け物になることもできる。貨幣経済というのは魔のシステムだということです。ですから、昔の修行者はそこに与《くみ》することを恐れました。ですから、サタンや魔をかくも恐ろしい姿で描いてきたのです。

貨幣経済は確かに魔がやっていることだけれど、私はそれを悪と見ているわけではなく、それをバランスだと見ています。

例えば、貨幣経済に与していても、与していなくても、結局人は、人を愛したり神を愛したりすることができるわけです。逆に、魔と共に山で静かに暮らしている人もいます。ですから、同じように都会の中に聖者として生きることもできるわけです。それはこのバランスというものを本人がどう理解するかということにかかっています。

面白いことに、金には「サタン銀行」の印が見えないように押してあります。ですから、それを手にするとそれを出したくなくなるのです。こんなものがなければ、人は友愛をもって接することができるわけです。もし大根が十本あったら八本を人にあげることはできますが、一万円持っていて、千円札を八枚人にはあげられないでしょう。そこにはサタン銀行の印が押してあって、私たちはそれによって動かされているからです。その紙幣が出回ることによって弱肉強食の世界が創られているわけです。持てる者は勝ち組で、持てないものは負け組だという構図は、魔が創造した世界。私たちは何も知らずに魔が創造した世界で暮らしているのです。

つまり、神が常にそこにあるのと同じように、魔も常にそこにあるということです。ですから、悪いとは私は言えません。宗教で言われるような、ことさら恐ろしい悪魔みたいな印象というのは誤った印象なわけです。なぜかというと、それによって修行者がこの世界を避けるようになるからです。女性が不浄かというと、この世で母から生まれていない人はいないのです。お母さんなくしてこの世界を語ることはできません。しかし、不浄感や女性の方が劣っているような思い込みが創られました。修行者が道を踏み外しそうになるのを避けるために、昔の人はそのようなイメージを創って誘導したわけです。魔と闘ったら負けるからです。

しかし、避けることもできないのです。そこにまた別のトラップもあります。

先日、魔を受け入れるべきか、拒絶するべきか、闘うべきかという話をしていたときに、私は「そうだね、受け入れるしかないね。あるんだから、避けられない」と答えたわけです。そしたら二日間くらい調子がおかしくなったことがありました。ここにはトラップがあったわけです。臭いものに蓋をして、あるのにないと言うことはできないわけです。毎日不浄とは付き合うしかない。でも、そこでなぜ私の調子が悪くなったかというと、それは、ないことにはできないけれど、拒絶はし続けなければならなかったということだったわけです。最後の最後まで拒絶はしなければならないのです。魔を受け入れてしまうと、魔に通行手形を渡すようなものです。そうするとマインドにポッと入ってきてしまう。そうして、それが自分の中で暴れると頭がおかしくなるわけです。闘っても負けるかもしれません。でも、拒絶はし続けなければならない。

受け入れることは受け入れるけれど、拒絶する認識は大事なのです。あると思ったらある、ないと思ったらならない。だから、魔的なものを「ない」と言うことはできますが、この世界と関わるということは、いつの間にか魔の手の内に巻き込まれていってしまうことになるわけです。そうなったときに「これは魔境だ」と思うことで、いったんそれを現実にする。そのうえで、自分の中にいることに気づいたときに、いなくなるわけです。

想念には運び屋がいます。良い想いを運んでくるものもいれば、良くない想いを運んでくるものもいます。魔の影響で、想いもしなかった想いが自分の中に芽生えることもあります。

そもそも、キリスト教で七つの大罪と言われているものがあります。傲慢、貪欲、色欲、嫉妬、怠惰、憤怒、貪食。これらの七つの大罪、日本のカトリックでは七つの罪源と言われているものですが、それらには担当の魔がいます。例えば、ルシファーが傲慢とか、ベルゼバブが貪食といったものにあたります。しかし、人間とは言うならば、この七つの大罪によって成り立っているわけですね。だからこそ、昔の修道士や修行者はこれを断つことを修行の目的としたわけです。欲しがらない、求めない、欲望の世界に身を置かない……と。昔のキリスト教の世界でいうと、人類はサタンによって操られているものだと思っているわけです。

ですから、魔について私たちは思い違いをしています。魔は特別なものではなく、その辺に普通にあるものです。その辺にいるものだから、ちょっと隙を見せるとヒュッと入ってきてある思考を植え込みます。そして、その欲求がどんどんどんどん大きくなっていくと、魔に乗っ取られているという状態になります。

もっと美味しいものを求めるというのは、普通のことです。でも、修道士からすると、これは罪となります。「このパンで満足しなさい」と言って堅いパンが出てくる。それを食べて「神よ、これに感謝します」というのが神の道を歩く人だ、と。そういう行をしている人は、魔を寄せ付けません。昔は、修行が精神世界でした。しかし、ニューエイジが出てきたことで、修行が精神世界ではなくなってしまったわけです。修行なんて古い、と。一番難しいのが傲慢です。それが一番取り除けない魔です。ですから、傲慢さを堕天使ルシファーが象徴しています。天界では神の次ですからね。傲慢になれるというのは、勝ち誇っている人です。勝ち誇っているからそのようになれるわけです。人の上に立つ人間が傲慢になります。そして、それを傲慢さだと認識して取り除くというのは、とても難しいことです。だからこそ、そこには最強のサタンであるルシファーがくっついているというわけですね。

私から見ると魔は普通にいて、「味噌ラーメンを食べたい」と思っても入ってくるわけです。でも、面白いことに、魔は見つけると出て行きます。暴かれたら効力がなくなります。マーヤと一緒ですね。

私の方針は、魔と茶飲み友達になることです。飲み友達になってしまったら、彼らに乗っ取られてしまうけれど、茶飲み友達であれば、彼らの手の内を把握しつつ、完全にそれに乗っ取られることもなく、自分も楽しませてもらうというバランスを取ることができると思うからです。それにも注意が必要ですが、彼らに勝とうと思っても勝ち目はありません。すべてが魔の存在で回っているからです。それは、この世界を回しているのは経済だからです。豊かである方が良いと、ほとんどの国の人は考えています。しかし、経済を回しているのはほとんど魔に乗っ取られた人たちです。欲求を持った時点でそれに入られる隙を与えているということですから、これは魔だな、と。そう考えると、私たちは一日に何度も、魔的な存在に普通に扉を開いているわけですね。そして、何度も通り抜けていく。とにかく天使と魔が私たちの中を通過して引っ張り合いをしているわけです。ですからその中で、私たちは「これは魔だな」という見方をすることで、自分をプロテクトする必要があります。

――「母」も私たちを混乱させる気がするのですが、魔とどのように違うのですか？

物事は何にしても負荷がかからないと成長しないわけです。

例えば、ソフトウェアのアップデートのようなもので、何時間もかかるときがあります。アップデートされるとよりたくさんの機能が使えるけれども、やっているときは大変です。それと同じことです。

「母」が出てきて私たちに何かをするときは、私たちのソフトウェアのアップデートが行われるようなもので、色々なことがマーヤになります。それは私のところで昔から「怒られる」と言われていることです。

一方で、魔はエネルギーを伴って混乱を与えてきます。そして、混乱を乗り越えて新しいステージに立たせるために、神は魔を使うわけです。

ですから、自分のステップが上がるときには、必ず魔の訪れがある。明らかにやっているものと、使われているものと、やられているものの三つがあります。それをクリアーした暁には、私たちはより高機能になっているということです。

――ラーマクリシュナは「マーヤを創っているのはマザーだから、マザーに解いてもらえば良い」と言っていました。原因がわからずに落ち込んでいたり、心が乱れているときは、ラーマクリシュナのように「母」に解いてくださいと言えば、解けますか？

マーヤを解くのは自分です。マザー、つまり「母」に祈るのはすごく良いことだと思います。「解けるように力を貸してください」と言うと、ひらめきが来ます。祈っているのと祈っていないのとではひらめきが違います。しかし、面白いことに、マーヤに限らず、あらゆることは自分が認識するかしないかにかかっています。なんだかわからないけど、

「母」に頼んだらフッとなくなった、ということにはなりません。「それはこういうことなのか」とわからないと解けないのです。ただ、解くために必要なインスピレーションが与えられるということは間違いなくあります。

――マーヤ解きの方法というのは、自分に向かってすること以外にありませんか？

マーヤ解きは、とにかくひたすら馬鹿みたいに考えることです。とにかく向き合い続けることです。

解かなかったことで夜すごく調子が悪くなるというのは、マーヤそのもののエネルギー感、質感が感覚的に捉えられているということですから、良いことだと思います。解けたときのエネルギー感も伴っているはずですから、マーヤ解きも架空のものではなく、リアルなものになってきているのです。このエネルギー感覚を経験していけば、色々なことが確かにわかるようになっていきます。

マーヤが多すぎて、私たちは既に与えられているということに気づいていません。それが特徴的な私たちのあり方です。例えば、匂いの探求をしている人がいるとします。探しても、どこにも良い匂いがない。しかし、嗅覚がない人に会ったら、匂いを嗅ぎ分けられる嗅覚をそもそも与えられていることに気づきます。そこにそれだけのものがあることに気づけないということが、いかに愚かであるかということになってくるでしょう。人間はそういう生き物です。

——何かを選択するとき、結局マーヤだと思ってしまうと選べなくなってしまいます。

この状態を脱するためにどうしたら良いかというと、結局、神のみこころを考えることが必要になってくるのですが、その際みこころの捉え方として、ドヴァイタ的なニュアンスとアドヴァイタ的ニュアンスがあり、それぞれ少しずつ異なっています。

どちらもある意味ではみこころです。しかし、極端なアドヴァイタ的なニュアンスだと、「物事は起こっていない」と捉えます。極端ではないアドヴァイタは、「物事はただ起こる」と言うわけですね。一方で、ドヴァイタからすれば、「物事はただ起こっているけれど、そこから学ぶことができる」というように考えるわけですね。

ですから、「出来事はみこころである」ということに関しても、捉え方にはいくつかのパターンがあります。

例えば、極端なアドヴァイタであれば、「出来事が起こっていないのだから、完全にマーヤだし、何かを自分がなすことがそもそも意味のないことだ」ということになります。ここで、極端ではないアドヴァイタであったら、「出来事はただ起こっているだけだから、気にするな、マーヤだと見ろ」と。そして、ドヴァイタの考え方で行くと、「これらの出来事はマーヤだけど、それ以上にみこころだ」ということになります。起こる出来事を自分が経験していくということが人生です。人生とは経験のために存在しています。そこに無駄なことは何ひとつない、という捉え方です。ですから、仕事も神によって与えられるという考え方です。

日本では転職しない人が良い社員ということになっています。その根拠は忍耐力です。ひとつの環境で耐え、人間関係をうまく処した人間が、まじめに我が社で働いてくれる人間だと捉えています。ひとつのところで続かない人間は、堪《こら》え性がないからろくでもない、という見方をされるけれど、アメリカでは全く違っています。さまざまな会社でさまざまな経験をしている人にスキルがあると考えます。当然、さまざまな会社でさまざまな社風や仕事の処理の仕方を経験してきている人間は、基本的になんでもこなすことができます。行く先々で人と出会ったり、色々なところで経験し、学んでいったりするのが人生だと思います。私たち人間の歴史というのは、そういう色々な人の努力と経験のうえに成り立ってきた美です。それはまた、マーヤでもあります。ただ、その美を創り上げていくひとつの要素としての私が、今ここに存在している。私はそう思っているわけです。

ですから、「この世界はない、起こっていない」のであれば、この世界が存在する意味が全くありません。神はなんらかの意図があってこれを創っているわけです。だってこれ、面白いでしょう？　それを神が意図して創っているのだから、それを経験することに意味があります。ゼロ歳の赤ちゃんがいて、「この子は存在しない」などと言うことはできないのです。赤ちゃんを見ていたら愛が溢れて涙が出てきます。それが神の意志だと思います。苦しいこともひっくるめて、色々なことを私たちに経験させたいという神の愛があるということを、私は経験的にわかっています。それは子どもを見たときや、神に向かったときに溢れてきたりするものです。

まだ、皆さんは、神に向かったときに愛が溢れるということを理解できないかもしれないけれど、神に対する愛というのは、赤ちゃんを見たときに溢れてくる愛と同じものです。私は、それはプログラムだと思います。赤ちゃんを見たときに愛が溢れてくるというのは、彼のお方が私たちに対して抱いている愛で、相互的なものです。言葉にはならないだけで、子どもはまたその愛によって成長していきます。

「両親に対する愛をどう表現したらいいですか？」という質問がありましたが、親に愛を表現するのは難しいことです。親が子に愛を表現する方がやさしい。ですから、親に対して愛を還しきれないと思ったら、自分の子どもに対して還していけば良いのです。それが、神からずっと繋がってきている愛のループです。ですから、子どもを見て愛が溢れてきたら、それをそのまま神に還せばいい。そういう繋がりが生じてきたときに、色々なことが変わってきます。神の実在というのもやはり肌で経験できるようになってくるのです。

私は、人生は捨てたものではないと思っています。起こる出来事が無意味だということはありません。つらいこと、苦しいこと、悲しいこと、色々なことがあるだろうけれど、良いことだって絶対にある。「出来事はただ起こる」のであれば、苦しいことはただ苦しいだけです。しかし、これが神のみこころであって、何か自分が至るために必要なプロセスだと理解したときに、すべてのことが必要なプロセスとして自分の前に現れてきます。起こる出来事というのは、すべて完璧だからです。未来だけはわかりません。しかし、未来もまた完璧です。なぜ未来がわからないかというと、未来がわかってしまえば頭がおかしくなってしまうからです。

ですから、「みこころ」を完璧にしようとするために努力をする選択に、迷いを持ってはいけません。みこころによって正しい方向に物事は進んでいると信じる。ですから、マーヤだと考えるより、みこころだと考えた方が良いと思います。ある意味で、やらせられるべきことだ、と。

マーヤが理由で、みこころが目的にあたります。無駄にマーヤになるわけではありません。理由を一生懸命考えていったときに、ある目的に辿り着く。それは当然のことながら私を成長させるために与えられた課題だったということになります。そして、それを解いたときに、目的である「みこころ」に辿り着きます。そこに辿り着いたときに、私たちはこの一連のマーヤが私に何を学ばせるために起こっていたかを理解します。そのようにして自由に生きられると良いですね。

――魔に気がついても解けないのですが……。

それもまた、みこころをわからなければならないということです。すべての前提としてみこころがないと魔も動けないわけです。そのみこころに気づかないと、魔は去りません。

魔も天使も神の手先だから、すべてに神の意図があるということですね。

――愛に到達するには、エゴや自意識が取り払われなければならないのでしょうか?

愛や至福は、エゴや自意識を本当に超越しています。そして、至福の状態のときに、エゴも自意識もなくなるわけではないのです。それらがあっても、どうでもよいものになります。小さいものなのです。もっと大事なものが来たら、今まであったものはどうでもよくなるからです。

愛に満たされ、愛になったときに、その力によって、エゴを消滅させたということになると、「善と悪」の構図になってしまいますね。「善」が存在したときに、「悪」がいられなくなって出て行ってしまうという構図です。

エゴは「悪」ではありません。ですので、共存できるのです。ただ、自分の興味がエゴに対してなくなります。神の至福がないときには、エゴとのやりとりが続きます。

しかし、エゴが泣き叫ぼうが何をしようが、神が来たらそれはどうでもよいものになるのです。

普通の人は、エゴが主観になってしまっています。神の経験をする前は、エゴが主観になっている。

ところが、神の祝福を受けてしまうと、「エゴ」と「神」とそれを体験する「私」が完全に三つに分かれます。この意識状態は、ヒンドゥー教で言うところの「ブッディ」に近いと私は思っています。そのブッディという、自己においては最も超越した意識というものが、エゴを客観的に観、かつ、神や至福というもの、そしてマーヤや魔的な存在を、この超客観的な「私」の外側にすべて存在しているものだと認識できます。そのうえで、「自己」が行きたいものと一緒になれる。

客観的にすべてがわかっているから、どこへ行くべきかは「ブッディ」が目覚めた段階ではわかっていると思います。

ただし、マーヤの影響によって認識は曇らされるのです。そうすると、魔と結託するということをこの「自己」が選ぶという可能性は、とても大きい。ですから、その覚醒の状態に辿り着いた人が、魔と手を組み、ぼろもうけする、ということも当然考えられます。

――魔と結託したとしても、覚醒は覚醒ですか？

それも覚醒です。覚醒にもいくつもの段階があります。自己を認識する覚醒もありますし、魔的な存在を認識する覚醒というものもある。幻想を認識するという覚醒もあるし、神を認識するという覚醒もあるのです。

ですから、無数の覚醒と大きな悟りがあると言えるでしょう。覚醒というのは、「開く、目覚める」、悟りというのは、「落ちる」。自分の中に落ちるという感覚です。

さまざまな状況において「覚醒」をする可能性があります。ところが、「悟り」というものはひとつです。自分の中に落ちてくるものはひとつ。

しかし、落ちてきた悟りが「俺は魔だった」というものである可能性もあるのです。お金を儲けてアーシュラムを作るぞ……という方向に行くものかもしれません。

――悟った後にそのようになるのですか？

そうです。これは結局どういうことかというと、頂点の悟りがどこにあるものかということを、私たちは実は知ることができないからです。

それこそ一番簡単な覚醒というのは、私たちが見たり聞いたり感じたり、「これが世界だ」と思っていた世界が、実は本当の世界ではない、ということがわかる覚醒がまず起こります。

その覚醒からどんどんレベルの高い覚醒まで行くでしょう。そうしたときに魔的な存在もまた、私たちを覚醒に導くということをやってのけます。そういう存在は、私たちが神に到達しないように邪魔をしてくるのです。いよいよある人間が神に到達する、そのときに、そういう存在はその人を自分の方に引き寄せようとするのです。

例えば、ブッダでも同様のことが起こりました。ブッダが菩提樹の下で坐禅をしていたときに、毎日魔が色々な姿でブッダの誘惑をしにきたでしょう。五人の村娘の姿をして出てきたり、大勢の軍勢で矢を射かけてきたり。そのさまざまなものを魔だと認識し、それらをすべて退けて、最後の企みが尽きたときに、「降魔成道印《ごうまじょうどういん》」という印を組んで、完全覚醒に到達したと言われています。それが、悟りの瞬間にすべての人に起こり得るのです。

最初、魔はそこに行かないように妨害をしているのですが、ついに悟りに到達しそうな段階に達すると、五人の村娘の姿で懐柔《かいじゅう》に来るのです。そして、うっかりそちらに行ってしまう人たちはたくさんいます。それは、エゴの名残りでそうなるのですが、そうやって魔の方に完全に入ってしまうことで、その存在が私たちに覚醒をもたらすということがあるのです。

結局、聖書に出てくるように、堕天使ルシファーは、神とほぼ同等の力を持っていると錯覚し「神に代わってこの天界を支配するんだ」という高ぶった気持ちを持ち、それを知った神が、罰を与えて堕天させたと言われていますね。ということは、ルシファーにできないことはないと思った方が良いと思います。人間に覚醒を与えることなんて朝飯前だ、と。

要は、覚醒なのか、悟りなのか、神の実現なのか。言葉として微妙なニュアンスの違いがあるわけですが、覚醒も悟りも魔的な存在が与えることができるのです。しかし、そのような存在にひとつだけできないことがあります。それが、神の実現です。

ただし、神の実現という皮を被った魔による覚醒というものがあります。私が体験したものは神だと思わせてしまう悟りというものがあるのです。

――魔的な存在の与える覚醒に行かないようにするためには、ブッディが必要になるのですか？

ブッディだけではなく、ここで必要になるのが、「母」、マザーという存在です。なぜかというと、マーヤも魔も、「母」が創ったものだからです。「母」に聞けば良いのです。

悟りというのは、起こったときに、天使と魔が同時に降臨すると思っておいた方が良いと思います。例えばブッダみたいに、「教えたくない……」などと言っている人には、魔の力が薄まります。なぜなら、教えて自分のことを崇拝させようというエゴの働きが小さくなるからです。だから、そういう人にはより天使の力が強くなります。しかし、神はわざわざ降りてきて「あなたがわかったことを人類に伝えなさい」と言って、やっとブッダがその気になって、初の説法をしようと思ったら鹿しか来なかった。それが、お釈迦様の初転法輪《しょてんぼうりん》。有名な話ですね。

ですから、悟るときは同時に両方の勢力が降りてくるのです。ブッダを見ても明確にわかるように、彼らの悟りの瞬間というのは、魔との対話です。

イエスもそうでしょう。荒野で断食したときに、サタンの誘惑にいかに打ち勝つかというところでもって、イエスはキリストになりました。そのサタンという闇の勢力というのは、すべて自分が持っているわけです。物心がついたときから、友達のおもちゃを奪うところから始まっています。人のものを奪ったり、友達をぶったり、こっそり食べたり、そういうことが魔的な性質をその人の中に育てていきます。ですから、人間というのは常に天使的な部分と魔的なものが平等に存在していて、その後の育ち方でどちらが強くなるか。すごく偏った形になっているのが、私たちのあり方です。

悟りに到達する人がどうなるかというと、これらが完全なるバランスの上に存在することになります。ですから魔的なものは普通にある。「あぁ、美味しいものが食べたい」と普通に思うわけです。「いやいや、これは誘惑だな……」とか「食べちゃおうかな……」とか、常に私たちの意識は魔と天使で引っ張り合っています。ですから、キリスト教やイスラム教の中で言われているようなサタンは、魔ではありません。魔というのは、頭脳ゲームの主役になっているものです。

私たちは生きている中で、毎日、毎瞬、目の前に選択肢が現れています。でも神のみところから見たら、選択すべきものを選択していて、一本道です。私たちは常に、死に際の意識で人生を見ていなければなりません。死に際から見たら、一本道だからです。

私たちは、実際は未来に向かって進んでいるので、現在から見ると分かれ道に見えているかもしれません。しかし、その分かれ道は実際には存在しているわけではありません。

そして、その分かれ道で私たちを試しているのが魔です。そこで知能ゲームをやるわけです。逆に言えば、そこで私たちを鍛えてくれている。さまざまな状況でさまざまな考え方ができるようにしてくれているということです。


ある意味で、本当の魔との一騎打ちは悟ってから。わかった後のことです。わかった後、神もリアライズされるけれど、魔もリアライズされるからです。そこではじめて本格的なだましとそれを切り抜ける方法が出てくるわけです。

その手前の段階では、神も魔も本当の意味ではわからないわけです。ですから、あまり詳しく考える必要性はないけれど、最終的にグルになったときに正しい道を歩めるかは、神のみこころによっているけれど、魔が勝つか天使が勝つかによります。そういう意味で行くと、「母」がある人は正しく導かれていると思います。私はそれによってすごく助けられました。とても厳しいやり方で来るわけですが、あらゆる無駄なものを取り除いていってくれていると思います。厳しいからこそ、すごく沁みてくるというか。「もう絶対こういうことはしないでおこう」と思えるわけですから。

そういう意味において「母」の存在が重要になる場面がそのうち必ず現れます。最終的には、唯一であるという絶対的なところに私たちは還っていくわけですが。

——「母」が来るのは恩寵だとしても、「ブッディを目覚めさせる」のは自分の仕事ではないかと思うのですが。

自分の仕事であることは仕事でありますが、それは私たちの側から見るとそう見えるだけであって、神からすると仕事ではないのですね。そこに至るまでに、やるべきことをやらされるのです。私の場合、最初の段階で、「母」以前に神が出てくるところですらも、もう、恩寵です。

——神の体験がなければブッディは目覚めないのですか?

魔による覚醒であれば、ブッディは目覚ませんね。神々様によって神秘体験を得させられてもブッディはまだ目覚めない。そのブッディすらもマーヤにやられるとなくなってしまうので、やはり「母」を経験しないとだめだということになるかと思います。

ただし、それは私には断言できないことです。なぜかというと、やるのは神なので、それぞれの人にとってそれぞれのゴールを神が用意しているからです。私がわかったわかり方がすべてではないことを、私はわかっています。それぞれの人に用意された神のプログラムがあるのです。

——改めて伺いますが、ブッディとはなんですか？

先程私が言ったのは、「完全に客観的な自己の智慧」という意味合いです。私が捉えている捉え方もニュアンス的なところがありますから、ここでのブッディという言葉の使われ方が、本来の使われ方と同じかどうかはわかりません。

例えば、識別知の「ヴィヴェーカ」だったり、明知と無知に相当する「ヴィッデャー」

と「アヴィッデャー」だったり、インドで古くから使われている語法がありますが、私がエネルギー感覚としてそれらを捉えたときに、しっくりくる言葉があればそれを使ってしまっています。

今まで「ブッディ」という言葉は使ってこなかったけれど、今日そこの部分の話ははじめて掘り下げることになってしまったから、そのときにブッディという言葉になったということですね。

ブッディという智慧は、完全にすべてが客観化されている状態、すべてが認識できている状態。神も「母」も魔もエゴもマーヤも、それから私も。

ですから、エゴとしての私なのか、自己としての私なのか、というところで見ますと、ほとんどの人たちにとっては、「エゴの私」をもっての私を「私」と錯覚している状態といえます。しかし、このブッディの状態に達すると、エゴと私は別物という認識に達するわけですね。この私とエゴを別のものとしてみる。そうすると、自分の欲望や欲求に根ざした行為はエゴがやっていることで、実は私がやっていることではない、という見方ができます。その智慧の状態、そこが目覚めている状態を指して、「ブッディ」という状態である、ということが先程表現したことになります。

――上昇志向が魔を生み出すということがあると思いますか？

多くの場合、上昇というのは妨げられます。求道者はこれだけいるにもかかわらず、悟りに到達した人は少ない。だから上昇を助ける力よりも、足を引っ張る力の方が強いということになります。それは私たちの中に内在している魔の力、自我や欲求やエゴに負けるからです。そして、負けたことによってその道を断念してしまう。

しかし実は、エゴの働きに自分が負けるということ自体がナンセンスだと思います。負けたのではなく、みこころだと捉えるのです。負けるとか負けないという考えに立つからマーヤになるのであって、最初から神のみこころだという捉え方をすると、敗北にはなりません。勝ち負けという観念を作り出したこと自体がマーヤです。勝ち負けという観念を超越できると、それをさらに超えたところ、神がやっているんだ、というところに行き着けるわけです。そうすると、自分に打ち勝てなかったんだということが、自分にとってマイナスではなくなります。修行者にとっての一番のマーヤはそこにあります。

本来、神という絶対的な視点から見れば、自己が自己を評価するというのはおかしなことです。自己評価なんてものはそもそもないのです、神がやっているのだから。でも人間はそれをやってしまいます。魔がそう思い込ませるわけです。ですから、魔というのはすごく面白い。とにかくトラップだらけだからです。人生ゲームでも、多く数を出した人がゴールして勝つ、ということではつまらないわけで、一回休みとか、A地点に戻れとか、ここで散財するとか、そういうことがあるからゲームというのは面白くなります。魔の作用というのはまさにそれにあたります。

——脳科学などを知ることは答えには繋がらないのでしょうか？

今、脳科学は色々なことを解明してきています。万能な感じがするけれども、あれだって、もしかするとすべて魔に騙されているだけかもしれません。

結局、科学は魔の教えだと考えられてきたわけです。神を理解することではなく、この世界を発達させるために魔が与えたものであることには間違いない。しかし、それも大本で言えば、神がやっているのです。正しいか間違っているかではなく、「フーン」と思えば良いのです。

大切なことは、自分が体験していることもひっくるめて「違うかもしれない」と疑うことです。しかし、自分が求めていた答えがこれによってクリアーされるのであれば、騙されているかもしれないけれど、間違いなく答えだと得心できます。

神がやることだし、神と同等の力を持つと思しき魔があれこれ動き回っているとしたら、私たちは簡単に騙されます。ですから、「騙されている」ということを前提として考えることが大事です。それではいけないということではなく、「ただ単に騙されているだけかもな」と理解することです。そうすると、自分自身の体験や経験に自分自身が重きを置かなくなってきます。それは、魔にやられない絶対的なことです。人間は、自分の経験に絶対に重きを置きます。そして「これが絶対だ」と思うことが本当にわかっていたとしても、それはだんだん魔的になってきます。

だから「あ、これは騙されているだけかもしれないな」と理解をしておくと、自分の体験すらも疑っている。でも、そのときには既にわかっているわけです。「結局、神がすべてをやっているんだ」ということを。その理解があれば、結局後のことはどうでもよくなります。たとえ騙されていたとしても、「神がやっているんだからいいや」と。

――常に「これは魔が言わせているのだろうか？」と考えた方が良いということですか。

そういうことではありません。それを言わせたのは神だけれど、「神のみこころで言ったんだ」と。言ったことで嫌な思いをしたり、できれば言いたくなかった、などと思ったりします。「言う」というのは聴いている相手があるわけですから、双方にとって影響があります。それは絶対的な神のみこころだということです。それは魔が言わせているというよりも、神が言わせたということです。ところが、言ってから後悔したり落ち込んだりする。それが魔です。

ですから、そういうニュアンスを含むことを神が言わせると、魔が足元で待っているわけです。匂いを嗅ぎつけて集まってきて、おこぼれがないかと待ち構えている、そのようなニュアンスですね。彼ら独特の入るきっかけがあるということです。

結局、魔が一番入り込みやすいのは、欲望、執着、怒りとか、そういうものではありません。どこが一番入り込みやすいところになるかというと、慢心と自己否定です。結局、怒りや欲望、執着というのは、ここから発生するものだからです。しかし、慢心とか自己否定というのは、それらに対する評価です。ですから、宗教をやっていると、嘘をつくなとか悪いことをしてはいけないと聞くけれど、それは結果なのですね。慢心と自己否定というのはこれに対する評価です。これをそのように評価してしまうことで、本来と違うものになるというのが、魔が一番好きなところです。そこに引きずり込みたいわけです。欲望や執着を使うことはあります。神を求めている人は欲望が強いということを苦にして、そういうことから自己評価を落としていく。そうして自己否定が強くなると魔の思うつぼになってしまいます。逆に「俺が世界の中心だ。俺が神だ」となってくると、慢心に繋がり、それはまた魔の思うつぼです。ですから、評価すべき自己はないということです。

結局神がすべてやっているのだから、自己を評価することは神を評価することです。私たちは神を評価することはできないのです。

——自我は魔なのですか？

自我もそこに含まれます。人間の中の悪い心のように、宗教などで取り除くべきものと言われているものがあります。そういったものは個々の人が持ちつつも、もっと背後に大きなエネルギーの塊のようなものがあります。

これは例えば、イスラムのスーフィーの世界ではナフスと呼んだりしますが、魔の内側に宿っているものといえます。ですから、自我というのは魔の自らにおける内在者と言えると思います。アートマンが神における内在者です。ブラフマンが絶対者でアートマンが内在者。それと同様に、自我というのが魔の内在者にあたると思います。

――「魔」のイメージがなかなか摑めません。

一番しっくりするのは、コンピュータの世界観です。わかるというのがダウンロード、魔がウィルス。結局、そのコンピュータの中の情報を撒き散らすような悪い意図をもって働きかけてくるものです。ですから、角が生えていたり、黒い羽が生えていたり、そういうものではないのです。

神はせっかくこの世界を創ったのだから、この世界を維持したいのです。創った作品を維持していきたいわけだから、この作品を維持するために必要不可欠なことは、人間が神を悟らないことです。

人間は創造の最終段階に位置していると言われています。水を創り、風を創って、火を創って……といった、エレメントが最初に来ます。そして、星を創り、大地を創り、海を創り、植物を創って……最終的に創られたのが人間です。

キリスト教では、神は人間を自らの似姿に創られたとしています。神は人間を創り、人間でさまざまなことを試しているという話です。人間で試していくためには、人間は塩でできた人形と同じで、海と一緒になると溶けてなくなってしまいます。つまり、人間が神を悟ってしまうと、皆が海に飛び込んでくるようなものだから、創った意味がなくなってしまうわけですよね。ですから、神が創ったということを人類から隠さなければいけなかった。

人類は常に無知の状態でいなければなりません。借金で苦しんだり、離婚問題だったり、リストラだったり、そして、それらがさも重要な問題であるように錯覚しているわけです。マーヤによってそういう錯覚をさせられているからです。苦しみの根源とは違うわけです。「どうせやっているのは神だ」と皆が知っていたら、リストラになった人は鼻歌を歌っているし、離婚でごたごたしている人は次の相手をとっとと見つけるし、借金苦で苦しんでいたら、なんらかのもっと楽な方法を考えるでしょう。

「神をわかっている」というのは、何が大事なことで何が大事ではないかをわかっているということです。私たちマーヤの世界にいる人間は、それがあべこべになってしまっているのです。大事なのは神ではなく、現実社会だと思って生きているわけです。しかし、本当は違います。神が大事なのであって、すべてはその神がやっていることの現れでしかないからです。マーヤに人類が覆われているから、ごたごたしている。そして、そのマーヤを意図的に仕掛けてくる魔によって、この無知社会が成立しているわけです。

神だけであったら私たちは苦労しません。しかし、苦労しなかったらここにいる意味はないのです。修行するためにここにいるのだから。苦労がなかったら、何も学びません。ただ毎日ハッピーだったら、ここにいる意味がありません。自分とは何なのか、神とは何なのか、世界とは何なのかを探求するためにここにいるのです。

ですから、結局この世界のすべてをパーフェクトな関係で維持するために、善と悪、男と女、昼と夜、プラスマイナスでバランスを取ってこの世界は存在しているのですね。天使と魔、これもバランスです。天使に向かっていたら悟るかというと、悟りません。悟らせてくれるのは、実は魔です。天使というのは神の従順なるお使いです。魔は神のことをわからなくさせようとして、人類を混乱させています。そして、混乱しているということに気づいた人が真理に目覚めようとします。修行して目覚めてくると、魔は行かれては困るから、仕掛けてきます。超能力を与えるとか、ヒーリング能力を与えるとか、予知能力を与えるとか、そういうものを与えます。地獄の王ルシファーは神の次に位置するわけですから、人間を覚醒させるくらい簡単です。大天使ミカエルなら、神に黙って悟らせるなんて言語道断だと思っているわけです。しかし魔は、自分の味方になるのであれば、この人を悟らせて神のない状態にさせ、自分の仲間にしようとします。そして、私たちよりも一枚も二枚も上手です。その敵いっこない相手を前に、私たちはどうすることもできません。ひたすら神の恩寵を待つしかないのです。

だからといって、この世界に入ると魔にやられるかというと、そういうわけではありません。既に皆、やられているからです。既にやられているからこそ、神のことがわからないわけなのです。この道に入ると魔の締め付けがきつくなるというのは当然あるけれども、それは当然のことで、邪魔をしにくるのです。

普通に暮らしていると、魔にやられているのが日常だからこそ、気づくことがありません。いかに気づかれずにその人の心の内に入るのかが、魔の考えていることです。本当に、彼らはひっそり入ってきます。気づかれないように。

入ってきた最初の頃は、しばらく息をひそめています。そうすると、自分が魔にやられていることに気づきません。そして、少しずつ魔のエキスをばら撒き始めます。その頃には、何週間も何か月も何年も経っているので、特定するのが難しくなっているでしょう。どこから入ったか見破ればいなくなるからです。面白いでしょう?

私にとっての日常というのは、魔との知恵比べです。常に魔は仕掛けてくるからです。やられているときは、自分が魔にやられていると全く気づきません。周りから「ちょっとおかしいんじゃないの?」と言われたときに「全然、大丈夫だよ!」と答える。「ちょっとやられているよ?」「え? そうですか。やっぱりおかしいですか?」と言う人はある程度気づいているから、もう解ける一歩手前にいます。でも「え? そうですか? 全然平気ですけど……」と言う人は、まさにやられているのです。「絶対やられていない」と思い込ませるのだから、すごいことです。ところが、自分がおかしなことを言ったりやったりするわけですから、そうすると、自分でも気づき始めてきます。そうすると魔は「しまった!」と思うわけですが、まだしがみついているから、今度はどこから入ったかをサーチしていきます。そうして「ここからだ!」と判明すると、なくなってしまうのです。

これは、昔からあることで、仏教の仏像も宝剣を持っています。あれは智慧の象徴です。文殊菩薩や辨財天など、智慧の神様は刀を持っています。結局、智慧というのは、マーヤや魔を見抜く智慧のことなのですね。それを理解することによって取り除かれるということを、仏教では智慧の剣で表現しているのです。

ただ、仏教などでは、魔のことを「無明」という表現の仕方をしてきました。無明というと、より無機質な感じですね。そこに「意」を感じません。しかし、実際はその「意」があるわけです。キリスト教で捉えるサタンともまた違います。恐ろしいは恐ろしいけれど、キリスト教のサタンのように恐ろしいわけではありません。ですから私は、ウィルスのような感じであると説明しています。

Ⅲ　相対世界と神

この世界は相対によって成り立っている。
陰と陽や善と悪。
すべてのものに対極が存在している。
ゆえに、 この世界は相対界と言われる。
すべては絶妙なるバランスの上に。

——一元論、二元論と「母」との関わりについて教えてください。

私の中で、真理に対する横型の解釈と縦型の解釈とがあります。横の真理をインドでは一元論と呼び、縦の真理を二元論と呼んでいます。

横の真理は、一元論、つまり「アートマン＝ブラフマン」というインドの哲学の中のヴェーダーンタ思想の真理の考え方です。

縦の真理というのは、二元論、つまりこの世界はプルシャとプラクリティで成り立っているというサーンキャ哲学の理論です。「アートマン＝ブラフマン」であるところをひとまとめにして、「プルシャ」であると考え、それと対峙するものとしての「プラクリティ」が存在するとします。そして、プルシャという絶対に対してのプラクリティから生じた相対界は、すべてマーヤの領域であると考えるものです。

この、アートマン＝ブラフマンという考え方と、プルシャ・プラクリティという考え方は、インドではもう何千年も争ってきたものです。

ヨーガは後者の二元論に依拠しています。このプラクリティを別名クンダリニーとかシャクティと呼びます。これを修行によって覚醒させ、プルシャと一体化させて解脱させるという考え方がヨーガの考え方なのです。これは、下から上に向かって進化していくという、縦のラインということになります。

一元論、アートマン＝ブラフマンというのは、この宇宙はすべてアートマンであり、この世界はすべてブラフマンである。それ以外、その認識を狂わせるものはすべてマーヤであるとする、ヴェーダーンタの考え方です。アートマンとブラフマンと二種類の言い方はあるけれど、このふたつをひとつとして一元、ワンネスと考えます。すべてのベースはこのアートマンなのです。私たちはマーヤに騙されているから、あなたとか、私、彼、彼女……という認識をしてしまっているのですね。しかし、アートマンという立場で考えればすべてはひとつなのだと。

アートマンというのは、エッセンスだと考えれば良いと思います。エッセンスがある形で凝縮したのが、イーシュワラ・神・創造主。ある形で凝縮したのが、人ということになるのですね。ですから、同じアートマンの異なった現れ方、作用の仕方ということになってくるわけですが、イーシュワラが人を創るという行為をしないと人間は存在しないわけです。ですから、最初にイーシュワラができたことで人ができたということになります。

はじめは、プルシャだけがありました。しかし、「母」が創られたときにシャクティ（プラクリティ）によって世界が創造されたので、このプラクリティというのがすべてのマーヤの生みの親になっていることになります。ですから、マーヤの頂点に立つのは、別名マハーマーヤ。「母」の真実の名前です。「母」の頂点に立っているマーヤのシャクティによってこの世界は創造されたわけです。この世界において、母がすべてに現れている。

同じように、アートマンはこの世界のあらゆるところに現れているけれど、それは、空性のような、あるのかないのかわからないけれど、確かに在るものとしてすべてに現れている。

例えば、「母」には今日誰でも触れることができます。外で花にタッチしたら、それは「母」に触れたことになります。この世界のすべてのあらゆる繁殖するものは、必ず「父」と「母」によって成っています。この世界のすべてに「母」のシャクティは行きわたっているのです。マザーのシャクティがないと、私たちはなんであっても繁殖することはできません。私たちが増えていくことができる、食べ物も繁殖で増やしたものを食べることができる、それらを食べることができるというのは、すべて「母」の恩寵の現れであるわけですよ。常に「母」のシャクティ、「母」の基準がこの世界をズバッと貫いているとも言えるということです。そして、この世界が「ある」ということが「母」のルールとしてあるのです。

しかし、ここで厄介なことがひとつあります。父性と母性が関わり合い続けることで子ができる、つまり、増えていくというシステムになっているので、どんどん増えていくわけです。そして、この「増やしていく」ということが、人間からすると唯一の目的となってしまうことが起こり得ます。自分が、繁殖のための一部であると考えてしまう。そのように考えてしまうと、本質的には「母」が創り出したマーヤであるにもかかわらず、それが自分にとって絶対的に必要なものだという認識の仕方をしてしまうことで、「母」が創り出した、この世界を維持するためのひとつの幻だということに気づくことができなくなってしまう。それが「マーヤにやられる」ということです。

食べ物が必要、お金が必要、そのために仕事が必要、それらはすべてマーヤであるわけです。本当は、アートマンに立脚すれば何もいらなくなるのです。でも、それでは面白くないのです。

ですから、「母」の道の方が私は好きです。増えることがＯＫな世界だからです。ただ、マーヤはあまりにしつこくて、私たちの認識をおかしくさせてしまいます。ですから、常にマーヤに気づいて、マーヤ解きをしていれば、常にアートマンを認識し続けることができるようになります。

生きている限りマーヤから抜け出すことは無理だけれど、マーヤとうまく折り合いをつけながら、この絶対的なアートマンの次元を実現できるというのが、昔からやり続けていることなのです。

――プルシャとプラクリティについて、もう少し教えてください。

インドで言うところのイーシュワラ、つまり創造主というのは、プルシャとプラクリティによって成り立っています。イーシュワラも、私たち人間も、プルシャとプラクリティによって成り立っています。すべてのこの世界に存在する命あるものは、プルシャとプラクリティによって成り立っているのです。イーシュワラですら、私たちと全く同じプルシャとプラクリティによって。

プルシャとプラクリティが離れていないと創造はできません。なぜならば、相対力がないと創造はできないからです。では、イーシュワラの本質は何かというと、プルシャです。

つまり、マーヤの部分はプラクリティなのです。プラクリティがなければこの世界は存在しないため、絶対的に肯定されるべきマーヤはイーシュワラの中に存在しているということになりますね。

私たちもプルシャとプラクリティというふたつの相対的な存在です。そして、私たちの本質もプルシャではあるのですが、「私」が「プルシャである」ということを体現できるには、体が必要なのです。肉体はプラクリティだからです。もし私がプルシャだけだったら、プルシャを伝えようにも伝えることができません。プラクリティを持っているからこそ、プルシャの表現が人に伝わるのだと言えます。

そして、イーシュワラですらも、その本質はプルシャです。プルシャとは、つまり、ブラフマンやアートマンのことです。ブラフマンやアートマンの別の呼び方ですね。ですから、この宇宙はすべてプルシャです。そして、マーヤによって宇宙が創造されたときに、そのプルシャがプラクリティと結合することで、この世界は生まれてきたわけです。私たちの中にも、イーシュワラの中にもプルシャとプラクリティがある。ところが、ブラフマンとアートマンには、プラクリティはありません。純粋なプルシャということになります。

実は、その純粋なプルシャが満ちている。プラクリティを通す形で具現化はしているけれども、本質的にはすべてプルシャであり、プラクリティによって個として成立している、ということです。個の中に詰まっているのは、プルシャ。そして、その隙間のようなところに自我のようなものがあって、それが個性のようになり、それぞれは異なったように見えているだけということですね。

――タントラについて教えてください。

一元論の人は二元論の人を否定し、二元論の人は一元論の人を否定します。そういう論争をずっとやってきているわけですが、タントラというのは結局のところ、このふたつの相対するものもひとつのものであるということを、強引にやってしまうということです。

チベット仏教の数ある経典の中に、般若経というものがあります。真言宗においても、大般若経というのが依拠する主要な経典になっているわけですが、つまり、般若思想というものです。そうなってくると、大般若経、般若経、そして、それらのエッセンスすべてを凝縮したものが、ハートスートラになってくるわけです。

ハートスートラというのは、般若心経のことです。般若心経の中で、「色即是空　空即是色」という表現こそが、タントラの真骨頂です。色はこの世界であり、この世界は空であると説きます。「この世界はない」という状態が、まさに真理の状態であるということです。そしてもう一言、「空即是色」、つまり、その「ないという世界もしかり、この世界なのだ」と。つまり、コインと一緒で、裏の裏は表だということを言いたいわけです。

チベット仏教の瞑想スタイルの中には、必ずキェーリムとゾクリムというふたつの瞑想スタイルが入っています。キェーリムというのはイメージを使った瞑想のことです。そして、ゾクリムはそのイメージを使って作り上げた曼荼羅《まんだら》や、そのようなイメージをすべて最終的に空に戻すということです。そして、最後にもう一度キェーリム、つまり想像力を使って再び仏の世界を蘇らせ、蘇らせた仏の世界と共に生きていく、日々生活する、というのがチベットの瞑想のやり方になっているのです。

ひとつの瞑想法の中に、観想法である生起次第《しょうきしだい》と究竟次第《くきょうしだい》という空の瞑想がセットで入っているわけですが、ものをイメージする心の働きと、すべてを消し去って空にする心の働きは相反するものになります。その相反するものを、ひとつの瞑想のプログラムの中に組んであるというのが、まさにタントラなのです。

普通は、相反するものをひとつの修行の中で行うということは、修行者にとっては混乱のもとになります。脳としては混乱するわけですが、このふたつをバランスよく取り入れることで、このふたつの世界に相通じる感覚を自分の中で養っていくということが、チベット仏教のひとつの瞑想スタイルなのです。

常に、一元論という考え方と二元論という考え方は相容れないわけですが、それをひとつに調和するということがタントラの究極的な目的だと思います。

一元論と二元論について、それぞれにそれぞれの良いところがあるわけですが、結果的にその人たちが辿り着いた境地によって揉めるというのはおかしなことです。安息どころか闘いになってしまいます。タントラというのはそれらを一気に解決する道になります。ゾクチェンをやるのか、ラージャ・ヨーガをやるのか、タントラ・ヨーガをやるのか、マハームドラをやるのか、バクティ・ヨーガをやるのか、ジュニャーナ・ヨーガをやるのか、それぞれの人が実践を通してやっていくわけですから、どちらが優れているということはないのです。ですから、タントラというのは、そういった覚者を救うような面白い作用があります。覚者になっていないうちは、それらはどうでもよいことかもしれません。

――結果としてタントラであったということと、タントラをしているのは違いますか？

何事でもそうですが、プロセスにおけるものと、結果的なものというのは違います。私はどちらかというと、インドでもタントラ・ヨーガだったし、チベット仏教もタントリズムだから、タントラ畑の人間ですが、タントラの中に「絶対的にこうでないといけない」というものは存在しないわけですね。こっちでも良いし、あっちでも良いと。「これをやらないといけない」ということはありません。

例えば、ある本尊の修行をやっていて、何か停滞したときに師匠が見て、別の本尊を与えたりするわけです。観音様の修行をして行き詰ったら、辨天様をやらせてみる、といったようなことです。そうすることでマンネリ化を防ぐことができるのです。タントラの師匠は、あらゆる方法を処方箋として使い、弟子たちはこの本尊やあの本尊をちゃんぽんでやっていく。絶対者や神を崇拝しているところでは、乗り換えは許されないけれど、チベットの仏教はファジーです。

ですから、私もチベット仏教の色々なご本尊の修行をしました。しかし、すべては空だと思っていたのに、いきなり神が顕れたので衝撃を受けました。それが私の正直なところです。私の場合は、結果が神だったわけです。しかし、プロセスの中に神はいないのです。一休さんのように、タントラの修行をしていたわけではないのに、結果はタントラだった、というようなものです。逆に、神だと思っていた人が辿り着いた結論は、空だったということがあるかもしれません。そこのところはわかりません。

ですから、修道していく中でプロセスと結論が合致しないということもあり得ますし、そこがまたすごいところだと思います。「神様神様……」とやり続けて、結論が神になるのは想定内ですが、そうならないのはアクシデントですから。でも、それは良いと思います。なぜかというと、アクシデントとは、思い込みの産物ではないからです。ずっと「神様神様……」とやってきて、結果が神であれば、心が作り出した幻想なのではないか、と思われてしまうでしょう。一日中神に祈っていたことで、そういう脳になってしまったのではないか、と。

ですから、プロセスと結果が異なるのは良いことだと思います。

――水と油をシェイクすることがタントラの究極だと仰いましたが、どのような意味でしょうか？

陰陽の太極図をとって考えると、この世界が存在するうえでは、絶対的に白と黒は明確に分かれており、相対関係にあります、一人ひとりも、国も地球も、宇宙も陰陽であり、陰陽によってこの宇宙のバランスが取られています。

タントリストというのは、その陰陽の入ったボトルをシェイクするわけですね。白が水で黒が油だとすると、それがシェイクされることによって、ひとつの陰陽だったものが無数の小さい粒の陰陽の集まりになり、質量的には変わらないけれど、シェイクされることで無数の陰陽の泡になり、白と黒だったものがグレーになるようなものです。明確なひとつの分かれ目だったものが無数の分かれ目の寄せ集めになってしまったことで、このひとつの陰陽の形が壊れる、これがタントラの錬金術です。

結局、相対はし続けているけれど、相対を超えている。その状態になるのが究極のところであり、この陰陽が生じる前の無極の状態に近づくということです。この世界はこの陰陽の中に集約されているので、無極の状態になることはできないけれど、この型を壊すことによって、きわめて無極に近い状態になっていくということです。

別の言い方をすると、自分をシェイクするだけでなく、世界を回すということになります。

普段は自分が行為をしていて、世界は自分のためには行為してくれていないわけです。ですから、空回りをします。しかし、ここで世界に回っていただく。これが「みこころ」です。私の行為と神のみこころがセットになると、完璧な泡立てが完成するわけです。そして、世界にどうやって回っていただくかというと、それはとにかく、みこころの把握です。

世界は私たちの意思と関係ないところで動いていて、波が来ているときに、その波の力を最大限に活かすことのできる人が大成功する人たちです。波というのはすべて同じに見えますが、粘りがあって良い波とそうでない波は、波打ち際にいてもわかります。それは自動的に展開しているわけですが、プロサーファーが波のトンネルをシャーッと行くことができるのは、自然の力を最大限に活かし切った行為です。

世界の方に回っていただというのは、そのような意味です。

――「母」の創造について詳しく教えてください。

本格的に説明をすると、最初に神というものがあり、この神が「父」と「母」に分かれました。太極図というのはそういうことを表わしていて、ここから万物が生成してくることになります。インドの神話では、まずこれをブラフマーといい、ここで人格神という形を取って、ブラフマーとサラスヴァティーという風に語るのが一般的です。神の土台となるものは、ここではブラフマー、つまり男性性です。この神の土台となるブラフマーが退屈して、サラスヴァティーを創り、あまりの美しさに、ブラフマーはサラスヴァティーに恋をして、子どもが生まれたところが万物の始まりだとされます。ということは、母サラスヴァティーはブラフマーから創られたことになります。

二極化することがこの世界の根源だけれども、「父」は不動性です。もともと神は不動です。不動であったものが不動と動のふたつに分かれて、「父」は不動性を引き継いだ。「母」はここから生まれたということは動きがあるということですから、「母」のサイドが動性になります。ということは、万物の世界は動によって成り立っています。すべてのものは動いているでしょう？　この世界は常に流転しているわけですから、動性によって成り立っています。神の世界は不動性によって成り立っているけれど、このマーヤの世界は動性によって成り立っているということです。ですから神に対して「母」のことを、マハーマーヤ、偉大なるマーヤ、万物の現象化と言い、「母」は自らの世界を創り運営しているのです。それは動がベースになっていて、色々なものが創造されていくわけですね。

この創造が膨らんでいくということは、均衡が崩れていくことを意味します。ということは、必ず逆側に引っ張る力、つまり「父」に還ろうとする力が働いてくるわけです。それが何を意味しているかというと、「死」であったり「なくなっていく」ことであったりします。有の世界から無の世界に引っ張る力が働いていくのですね。

この、「生じる」ということと「滅する」ことのバランスでこの世界は成り立っているので、この世界においては、人が死ぬことや色々なものが破壊されるというのは必定《ひつじょう》です。これがないと、生まれることもなくなってしまうからです。

「母」が担っているのは、創造です。生み育むということになってきます。これが母性の役割であり、父性の役割は破壊です。そしてこのサイクルが完結します。

生み育んでいくために必要なのは、そのものに対する執着と愛です。もし愛がなかったら、子どもは死んでしまいます。ですから、育てていくときに必要なのはやはり愛であり、それを言葉で表現すると情ということになります。そうすると、これに対する言葉は非情ということになってきます。

「父」のやり方は非情です。しかし、そこに本当に愛がないかといったら、愛がないわけではなく、もっと厳しいのです。「父」のやり方は愛情を超越しているというか、それが物事を回転させるための破壊の性質です。シヴァ神の別称であるナタラージャのように、世界を壊すための踊りを踊ると、世界が壊れるのです。世界の成り立ちは、不動性の状態では何も発生しないけれど、動なる「母」が発生することで生み育むということが起こり、そしてまた、「父」の不動性に還すための破壊の力が働くことで、生死流転《しょうじるてん》ということが発生するのです。

魂という次元においては、女性性や男性性を超越しています。ですから、男性でも母性が強い人もまれにいるわけですし、覚醒をして肉体の次元を超越すると、母性が目覚めるという男の人もいます。

厳格に言うと、こういうシステムで世界は成り立っているけれど、聖者や賢者は、人を幸福に導きたい、人を安らかにさせたい、平安にさせたいという気持ちが働くのです。それは、この生み育む方の力ですね。

この世界が存在しているのが現実であり、この世界が私たちにとってすべてであり、この世界が存在していることが実に素晴らしいことです。それが、この世界が存在する目的です。この世界の経験を通すことによって神に戻っていくことができるように。

「母」の仕事はこの世界を展開させることであり、この世界も存在してこそすべてであり、戻ろうとする力、つまり破壊というのは美しくはありません。ですから、悟りに到達した聖者は慈悲や愛を人類に注ぎ、「母」の意志に沿おうとするのだと思います。

――「母」の創造のプロセスおいて、愛はどのように作用しているのですか？

創造のプロセスの間は、すべてが自動的に分裂していきます。細胞が自動的に分裂していくように。

ところが、この分裂していったものも、いつか元の場所に戻っていかないといけません。元の場所に戻っていくときに、元通り結合していかないといけないのですね。その結合させる力というのが愛です。バラけたものをひとつにまとめていく力ですね。ですから、なくてはならないものです。

創造の側面から見ていくと、愛が存在していたとしても愛として認識されません。なぜかというと、それは備わっているものだからです。備わっているもの、当たり前のものは気づかれないのです。

――この世界を創った神の動機はなんですか？

「動機」になってくると、必ず「愛」になります。神が愛を人間にわからせるために、もしくは自分がそれを体験するであろうことのために、その愛という動機を基に宇宙を創ったわけです。ところが、宇宙が創られていく状態においては、愛は観察者によって、観測されません。十分に広がったところで、元に戻っていくときに、戻っていく方法として、なくてはならないものが「愛」になります。

神からすれば動機は「愛」ですが、私たちからすると、私たちの状態によって愛の必要性や認識の仕方は変わってくると言えます。

ものすごく愛に満たされた環境に生まれてきて、ことさら愛を求めなくてもいい人生だったら、愛を求めずに終わってしまうことだってあり得ます。愛がないから、愛が欲しい、愛が欲しいと、愛を求めて愛の探求者になり、神に辿り着いたりするのです。
私自身は愛に恵まれた家庭に育ちました。しかし、私からすると、「自分」がわからなかった。「なんで俺はこんなに苦しいんだろう、すべて与えられているのに」と、得体の知れない苦しみにさいなまれました。どこにいても自分のいる場所ではないと思うし、安心できる場所も「ここは違う、ここは違う……」と、どこへ行ってもそうでした。そういう中から自分の探求になってくるわけです。
そして、私がこの究極の愛という状態を体験したときに、「あぁそうか、求めていたわけではないけれど、これは絶対人間にとって一番必要なものだ」と、当然わかるわけです。ですから、探求の切り口というのは、人それぞれだと思います。そして、それは神がプログラムしていることです。人に合った道の進み方があるのです。

――創造と破壊ではなく、維持されているときはどうなのですか？

「維持」と言いますが、実は、維持というのは私からするとないのです。「維持」というのは観念的なものだと思います。それは、まさに「今」という言葉と一緒で、実際、時間に「今」はないわけです。

「今に生きろ」とよく言いますが、実は「今!」と思ったらもうここは過去です。ですから、存在しているのは過去と未来だけ。「今」というのは観念です。「今」という観念を持たないと「今」を表現できないからです。実際のところ、客観的に見た場合、存在しているのは「過去と未来」だけなのですね。

「今」を確かに今ここで感じているけれども、「今」と思っている「今」は、ものすごい速度でどんどん過去になっているわけですから、実は、私たちはこのパーッと移動するものを「今」と言っているだけで、決して止まっているものではないのです。移動中なのです、「今」は。

同じように、創造と破壊においても、「維持」は「今」の状態を観念的に仮定しているにすぎず、実は創造と破壊しかないと言えます。創造のプロセスの内なのか、破壊のプロセスの内なのか、いずれかに含まれているということです。

ですから、すべての起こっている出来事を経験している私たちは、常にプロセスの内にいることになります。「維持」という状態が存在するわけではなく、「維持」が観念的に存在していないと私たちの認識が成立しなくなってしまうから、「今」の立ち位置を明確にするために、「今」とか「維持」という観念が使われているにすぎないのです。

例えば今、「カリユガ」（インド哲学において循環すると考えられている四つの時代のうち、最後の段階といわれている「鉄の時代」）は、「破壊」に向かっている時期だと言われています。四ユガ（時代）を考えるとき、ある創造のユガが二期あって、三期目くらいから少し破壊に向かい始め、維持のユガはどこにもないわけです。ですから、必ず創造か破壊のプロセスにあって、今、私たちは破壊のプロセスの中にいるのですね。

そこで「愛」がどこにあるかを見ていくと、先程も言った通り、創造の段階においては、愛があっても愛に気づきません。しかし、破壊の段階に入っていくと、愛を必要としてくるのです。

これはすごく観念的な説明になるかもしれませんが、親の愛を受けている人に親の愛を理解することはほぼできません。当たり前だと思っているからです。親が死んだ後や、自分がある程度大人になったときに親の愛が自分にすごくあったことに気づくのですね。しかし、親の愛を受けないで育っていると、子どもの段階でも親の愛がないことに気づきます。

同様に、創造のプロセスにおいては愛があることに気づきません。破壊に入ってはじめて、愛を必要として、愛の存在に気づく、ということだと思います。

愛がない人によって愛は認識され、求められるのです。


――どのようにすれば神を認識することができますか？


ただ単に、スイッチが入っていないのです。どれだけ気が逸れているかの問題になってきます。

マーヤが気を逸らせるから、スイッチが入らない。入らないからそれを理解できないということが起こっているわけですね。どこに神と繋がるスイッチがあるのかすらわからなくなっている。ですから、そのスイッチを探そうとすることすらしないけれど、例えば人生を生きていて運が悪かったりすると、少しずつ自分探しが始まり、それによってうまいことスイッチを探し当て、それをオンにすることができれば、神と繋がることができるわけです。でも、皆違う方向に行ってしまうことが多い。

既に用意されている宗教があります。やはり宗教を通して神を知るということが、本来は手っ取り早い方法だけれど、マーヤなことばかり言っているものも多いので、そうすると宗教を通してマーヤになっていきます。

神というのは私たちが想像するどのようなものとも違います。ですから、どのようなものとも違うということを理解していかないといけません。

「母」は「She」、神は「I am that」です。ですから、神というのは、「I」と関係しているわけです。「I am」ではなくて「I」、つまり「私は」ではなく「私」であるということに関係しているということになります。そして、神は「私はそれである」というその体験の中で起こるけれども、「母」というのは「She」つまり、「彼女」です。

私たちというのは、誰かを愛するといった、他者との関係性の方が認識をするのに容易《たやす》いと思います。自己愛というのは認識しにくいのです。ですから、「母」という認識においては愛がよりリアルになってくるけれど、神の愛になってくると、わかりづらくなってきます。そこに愛がないのではなく、もっとより微細なのですね。愛という形にすらもならない。それは、完璧なる状態として存在しているからです。愛というのはそこから比べると、少し粗雑なものです。絶対者のレベルの愛よりも、「母」レベルの方が、よりリアリティーが増しています。

例えば、人間の中でも父親の愛はわかりにくく、お母さんの愛の方がダイレクトに来ますね。愛の表現の仕方が違います。父親であれば「俺の背中を追いかけてこい」とかいう表現になります。

神というのは、とにかくわかりづらいのです。

――神と「母」、それから女神のような神々との違いをもう少し教えてください。

神は論理的です。しかし、「母」は論理的ではありません。男の人の方が理屈っぽく、会話においても論理的だけれど、女の人の方が感覚的に会話をします。同様に、神に関してはものすごく論理的ですっきり整っているけれど、「母」というのは、抽象的なニュアンスがすごく強くあります。より感覚的というか、理屈では片づけられない、もっと自然なニュアンスがあります。

例えば、地球は太陽の周りを三百六十五日かけて回るとか、地球は二十四時間で一周するとか、そういう規則性のようなものが神だとすると、そのように地球が太陽の周りを回っている中で、地球上では五月なのに猛暑になったり、高波になったり、雨が降り止まなかったり、降らなかったり……色々な現象が起こっているわけです。それが「母」のニュアンスです。一日が三十時間になったり、一年が五百日になったりすることはないし、地表で異常なことが起こっても地球が回転を止めることもありません。地球の動きは完璧な仕組みの中で展開していて狂わない。それが神様の仕組みです。しかし、地球上ではなんらかの必要性があって地震が起こったり、暑くなったり、そういったことを起こしている力があって、起こります。それは推測ができません。その力を測ることができないという方が正しいかな。それが「母」のようなものです。

ですから、宇宙全体に存在している神のすべてを理解することはできないけれど、神を体験することで神が完璧だということを理解することができます。そして、神が完璧だということを理解できると、不完全さがすべてそこからなくなるので、私たちが体験したのは神のほんの一部であったとしても、神の状態が完璧なものとして認識されるため、神のすべてを理解することができます。

一方、「母」は必要なところに必要なパワーを与えたり、不必要なところからパワーを取り除いたりするため、地表で起こっていることが予想できないのと同じように、「母」のやることは理解できません。しかし、「母」の感覚でコントロールしているとしか思えないような現象として起こります。

サーンキャ哲学のなかで表現されているプルシャとプラクリティという捉え方でいくと、プラクリティ、つまりエネルギーというのはダイナミックなうねりであり、それを私たちがコントロールすることは不可能です。それが宇宙全体をめぐってすべてのものを動かして生かしている、そういう原動力になっているということですね。そこで何を知るかというのは、個々の人が何を体験できるかにかかっていることですから、「母」の恩寵があれば、ということになります。これも言葉で説明するのは難しいことです。それはエネルギーだからです。エネルギーは言葉にできません。

神は最初に無知を創造します。無知を創造して、そのマーヤによって宇宙が生じるわけです。神から無知が生じていないときは、宇宙すらありません。神は最初の「一」であり、「一」のところには無知がないのです。

一般的に考えられることは、その「一」から「父」と「母」という分離をする。私たちからすると「父」も「母」も依然として神なので、よくわからないかもしれないけれど、神からすると「一」か「二」はすごく大きなことなのです。「二」になったとたん他が生じ、すべてのものが相対化した形で宇宙はどんどん広がっていくわけです。そして今に至るのです。

女神や神々のように「他である」ということは、つまり、神々であっても被造物、神によって創られた存在であるということです。

五次元的な解釈で行くと、私たちの世界よりも古くそれ以前から存在している、神によって創造されたもうひとつの世界、それが私たちからすると、古の世界であり神々の世界です。我々の小さな願いくらい叶えてくれる力があります。しかし、私たちは三次元の世界であり、神々は四次元や五次元に存在しているわけです。ですから、そこにお社を造るのです。

お社を造る際に大事なのは、扉を造ることです。神社の本殿の中に入ると、空っぽなのです。お寺の本堂の中は色々なものを飾ってありますが、神道のお社の中には何もありません。神がポンと置かれているだけです。つまり、神道で表現したいのは扉です。しかし、扉だけ立てておくわけにはいかないので、建物を建てますが、大事なのは扉。ですから、神道の世界だと御開帳の儀式が大事です。儀式の中で「扉を開ける」という儀式が一番大事。その儀式を通じて、向こう側、つまりご本尊の神様の次元とこちらの次元が繋がったというときにお願いごとをすると、神々様によく伝わりますよ、ということです。

イスラム教にはモスクがあります。モスクというのは、建物の中に人間が全部入ってしまいます。そこで、メッカの方に向けて扉が付いているのです。開いたら外に出てしまうから開かない扉だけれど、これは人間を軸に考えていることだからであって、モスクにおいても扉が大事なのです。扉と建物をセットにして拝むスタイルを作るか、建物の中で扉を拝むかの違いであり、そこにはイスラムの人の考え方と日本人の考えの違いがあるのだと思いますが、結局、大事なのは扉なのです。扉がこちらの世界とあちらの世界の接点になっているということです。

しかし、依然として神々も被造物であることに変わりはありません。そして、創られたものが創られたものに究極的な教えを与えることはできないということなのです。

私たちが求めているのは親です。親が得られないから、お兄ちゃんやお姉ちゃんに面倒を見てもらうわけですが、最終的に私たちが到達したいのは絶対的な神です。でも、ほとんどの人が「こちら側の世界」である程度豊かに暮らすということを願っているわけですから、その場合はお兄ちゃんやお姉ちゃんといった神々で良いということですね。神は究極的なものを与えるけれど、マーヤは与えません。神々はマーヤになるものを与えます。私たちがそのどちらを知りたいかによります。今の傷口に貼る絆創膏が欲しいのか、究極的な答えが欲しいのか。

ですから、ここでよく言われることは、悟りが近づいてくると神々が邪魔をするということです。それは、人間が自分たちを超えようとするからです。

ブッダが解脱するときには、魔だけではなく、神々も妨害をしにきたと言われています。人間はずっと格下だと思っていたのに、神々を超えてしまいそうになっているわけですから、神々はそういう悟りそうな人の邪魔をするのです。

神も扉の向こうに在るのに違いはありません。すべてのものは神から派生しているのには違いがないけれど、私たちが神の認識をしようとするときに、物質と人間の脳は同じ物質的な存在であるため、例えば人間の脳が物質であるペットボトルを理解することはできるけれど、ペットボトルが神だと理解することはできないのです。しかし、ここに神が存在しているというのは、別の次元から観たときには、より明らかになります。その、より明らかに観える次元で脳が働かないといけないのであり、そして、脳にはそれを観ることのできる働きがあるのです。それが脳のすごいところです。

人間の臓器、例えば脳や子宮などは、別次元と繋がる能力を持っています。しかし、普通に別次元と繋がる使い方をせず、ただ動物として生きていくだけの機能は普通に人間が使っている機能ですから、そのような使い方では、これらの臓器はただの物質でしかありません。しかし、例えば瞑想をすることによって活性化されることで、背後にあるエネルギーなどがわかるような能力が自分の中で出来上がってきます。そうすると、「ここに神が存在している」ということは普通の脳だとわからないけれど、その働いている脳の状態では、そういった観方ができるようになってくるのです。ただ、「脳を活性化させよう」と思うとマーヤになってきます。そういう観方ができるようになるのは、自然に起こることです。そうなると自然に神に観えるようになります。

ですから、そのようにして観たときに、結局、神々の次元というのはこの次元を見る視力とは違う視力を必要とする次元にあります。そして、その視力のある人が神を観たとき、その視力をベースに観ているから、そういった視力のない人が見るのとは違う観え方になってきます。神々の世界の観えない人が神を観たときには光が観えたり、天使が降りてきたり、花が降ってくるといったことはありません。ですが、その世界を観る能力のある人が神を見たときには、そういった神秘体験が起きたりします。ですから、自分の視力がどこにフォーカスされているかで、観え方が違うのは仕方のないことです。

神がいないところはありません。ですから、その神々を観ることができる視線の先に神が観えるわけではありません。神がないところは時間的にも空間的にもない。神々を見ていても魔を見ていても人間を見ていても、神はそこにあります。その後、神があなたをどう調理するかの問題です。揚げるのか煮るのか焼くのかを、私たちが選べるわけではありません。調理をする人によって選ばれるからです。私たちはただ調理されるだけ。

私たちが興味を持って探求していることには神の意図が反映されていることでもあるので、それは神の目的から逸脱しているとは思いません。しかし、神に逢ったときには、すべてがマーヤでありすべてがツールであり、すべてどうでもよい、ということになるのです。

――「母」を知ることは神を知ることに繋がるのでしょうか。

神でないものは、必ず混乱を生み出します。それらがいかに高い性質を持っていたとしても、結局相対的な関わりがある以上、現れとして相対的になります。それは私にしてもそういうことが起こります。それは私が「母」以上に相対的だからです。でも、ここには唯一絶対である神もある。相対的な存在だけれど、叡智を獲得しているという状態は人間として貴重です。でも、やはり人間であることには変わりないから、相対的なマーヤや混乱も同時にあります。言うことが変わったり、マーヤを感じさせたりすることもあるでしょう。

すべて相対しているたくさんの細胞からできている人間から逆巻いている相対的なエネルギーというのは、半端ではありません。ですから、普通はマーヤであって当然です。そこに、ある特殊な条件が重なることで、神や絶対者の意識との融合が起こると、相対的なエネルギーを放っている肉体と、超越的な唯一性という、本当だったら絶対共存しないものが共存します。一元と二元は共存しないけれど、これは宇宙法則によって共存しないのであって、宇宙法則を創った神においては共存するわけです。

宇宙のバランスを保つために一元と二元は相容れないというのは、浸透していなければなりません。しかし、相容れなければ、その一元を理解する人はこの宇宙にいなくなります。そうすると神は孤独になるから友達は少し置いておきたい。神は例外を創って、その境地に辿り着いた人は一元と二元が共存するカオスを存在させたわけです。

すべては二元的になっていきます。一元への手がかりである宗教も、時間が経って風化していくと結局二元的な教えになってきます。本来は唯一の足掛かりであるはずのものが唯一の足掛かりではなくなってしまっている。でも、全般においてはそれで良いということです。

一元と二元を隔てている決定的なラインがあります。一元だったときにはラインは存在していません。これがふたつに分かれて人間になった途端、ラインが出現するわけです。

例えば、水と油の間にははっきりとしたラインがあります。しかし、あれはラインが存在しているわけではなくて、水と油が別物だからラインが存在しているかのように見えるのです。同様に、一元が二元になったときにはラインが見える。そのラインというのが「母」です。神は、そもそも一元になっても二元になっても一元のまま在り続けています。何によって二元が明確化しているかというと、「母」の存在が明確化しているのです。あるはずのない線が「母」です。

ですから、こっちの二元の世界においては完全に一元を忘れて二元で生きているけれど、この一元と二元のラインが「母」であって、そのラインを経験すると、そもそも「母」が在るわけではなく、在ったのは神だということになります。ですから、やはり「結局は神なんだ!」ということになるのです。

――「母」と「父」と魔、そして神との関係性について教えてください。

「父」と「母」の共同作業によってこの世界は成り立っているので、私たちに影響を与えてくる魔的な存在やマーヤも、神の計画に基づいて「母」の実行力によって起こっているということになります。魔が動かなければ世界は展開しないので、「父」からすれば、「母」がどの魔を使ってどのように世界を展開させるのかを、はっきり理解しています。

「母」が私に顕れ、マーヤと魔のことを教えてくれたとき、その関係性の中に険悪なものは感じられませんでした。魔の側が「母」のことをどう思っているのかは、私にはわかりません。しかし、お互いが理解をしつつ、餅は餅屋でもって、自分勝手に動いているわけではなく、世界の維持のために、計画に則った活動をしているのです。

人間の場合は一人ひとり自我があるので、自分がやりたいことをやろうとするところがありますが、魔やマーヤは、あくまでも感情や思考的なものを持たない、完璧なプログラムの一部として動いています。「母」と魔の関係性としては、絶妙な距離感を保って完璧にお互いが存在しているということです。

私たちの側からすると、どうしても人間的な理解を求めて思考的に見てしまいます。論理性であったり感情的に見て納得できるかどうかであったり、そういう人間的な感覚を通しての理解になってしまいますが、実際は、神にせよ、「母」にせよ、魔にせよ、人間の感覚で理解できるものではありません。人間の感覚として納得しようと思ったら必ず失敗します。そこは、人間的に解釈できることではないのです。

「神のみこころが行われている」ということに対しては、自分から考えて「みこころで助かった」と思うか「そんなの嫌だ」と思うかのどちらかです。しかし、それは人間の感情的なレベルでの話であって、みこころが良い、悪いとか、あなたが納得できる、できないとか、そういうことではないのです。「みこころが行われているということが事実としてある」ということです。神とか「母」とか魔は、ひたすらなすべきことを着々と実行しているのです。

それによって私たちはやられますが、それは、神の計画です。結局、それを通して私たちが必ず到達する結論があり、その結論に到達することで、私たちは進化していくことができます。そのためにすべては起こっている。好き嫌いとか、良い悪いとか、そういう問題ではありません。

悟りや神についても、人間感覚で理解するという思い込みをしています。「私がそれを悟るんだ、それを理解するんだ」などと考えています。しかし、私たちがそれを悟るのでも、それを理解するのでもなく、「それが起こる」「それが顕れる」ということです。

私は「起こっていること」には付いていくことができませんでした。ですから、起こっていることに対してさまざまな言葉を自分の中で模索して、自分に落とし込んでいくための接点、繋がりを見つけようとしたわけです。そこで、「母」が来たり、神が来たりした後、一週間は部屋に引きこもっていました。それは、言語化する作業をひとりで黙々とやっていたのです。「それ」を、いかにしてこの頭脳で言語を通して解釈できるかということをやっていた。「この言葉を当てはめても、何か違うな」とか、「これは近いけど惜しいな」とか、それを表現するために自分に来ている答えとフィットする言葉を探す作業を、自分の中でひたすらやっていたのです。

そして、一、二週間が経って「なるほどこういうことだな」と、はじめて神や「母」、アートマンといった言葉を口にできるようになりました。では、その口にした言葉というのが完璧かというと、いまだ完璧ではありません。なぜかというと、言葉を使っているからです。ギリギリ近いところに行っているときもあれば、言葉が思い浮かばなくて、外すこともあります。

でも、誰かが私を喋らすのです。そして、バーッと喋っていったときに、あるケミストリーが起こり、すごく良い言葉が生まれたりします。そのために喋っているのです。

――「母」や神を言葉で理解することはできないということですね。

神のみこころというのがどこにあるかというと、この次元にあるわけではなく、高い次元にあるということです。この次元で話をしていたら、常に相対するものが出てくるので、そのような説明をしなければならなくなります。しかし、常に高い視点のものをたとえに出すことができるかというと、何も浮かばないこともあって、そうするとつい、この次元でものを言ってしまうことがあります。

伝わるか伝わらないかは私ひとりの問題ではなく、受け手の問題でもあるので、互いの感覚を総動員して理解していくことになります。常に神という完璧な理解というものを伴っていても、それを言葉に降ろして伝えるというのは、すごく難しいことです。

これは神に関しても、「母」や魔に関してもそうです。ですから、多くの人たちはこれを理解しません。しかし、これを理解しないと全く意味がないので、わかっている人は皆が理解できるレベルまで降ろしていこうとするわけです。そして、降ろしていこうとするときに、神や魔についても人格的な表現になっていきます。そういったことは今までもやってきたし、これからも当然やっていくけれど、言葉での説明には、ある程度限界があるということですね。

例えば、太陽を説明するとき、今は科学の進歩によって科学的に「太陽とは何か」について、私たちもある程度理解しているわけです。しかし、大昔の人にとっては、太陽とはいったいなんなのかわかりませんでした。朝になったら昇ってきて夜になったら沈んでいくものから、熱と光が生まれる、という程度のことしかわからないわけです。しかし、仮に鏡があったとして、鏡に太陽を映したものを部屋に当てると、部屋が明るくなります。さらに、鏡を自分の方に向けると自分が映ります。つまり、鏡は色々なものを反射させる能力があるということを理解するのは、太陽を理解することほど難しいことではありません。ですから、鏡に映った太陽というのは、空にある太陽よりもよりも、捉えどころがあるわけです。太陽は理解できていないけれど、鏡の方の理解はしているからです。

同様に、太陽をブラフマンとすると、鏡に映っている太陽をアートマンという解釈をすることができるわけですね。ですから、百個の鏡があったら、太陽は一個であっても百個の鏡が太陽を映すことが可能になる。私たちと神の関係とは、そういうことです。

私たちの中にそれぞれ個別の神が在るわけではなく、我々は個別の鏡だから、その鏡が空の太陽を映している、反射させているということです。ですから、鏡に映っている限り、私の中に太陽が在る。私の中に神が映っている。だから、私の中に在る神と皆の中に在る神は、別のものではありません。これはわかりやすい話でしょう?

「神をわかる」ということは、神のことをわかるということではありません。ただ、神がわかる。太陽のことがわかるわけではないけれど、鏡に映った太陽というのは自分のものです。私の心に神が在る、ということです。

あなたはこの宇宙の始まったときから
ずっと繋がっている。

あなたは母親から
そして母親はまたその母親から。

ずっとさかのぼっていくと
あなたはすべての生命の始まりから
途切れることなく
繋がっているのだ。

生命は地球から。
地球は太陽から。
太陽は宇宙から。
そして宇宙はその始まりから。

すべては繋がっている。

すべてはただひとつの
源から始まっている。

すべてはひとつである。

ただひとつである。

おわりに

私自身が「母」の恩寵を受けてから、既に二十年以上の月日が流れました。また、この二十年の間に「母」の教えは日々更新され、多くの学びを直接受けることができました。

私における「母」の教えは、第二の人生に対しての心構えが大半を占めています。三十五歳で私の前半生に終止符が打たれ、それまでの人生の悩みの源であった自分自身のことが明らかになり、私の葛藤は終焉しました。そこから第二の人生が始まるわけですが、そこからは人生そのもののベクトルが変わり、自己ではなく、他者と向き合うことになりました。

長らく弟子という立場で自己に向き合ってきたのですが、他者と向き合う方法というのは教えられてきませんでした。師匠からは、生きとし生けるものたちへの慈悲が重要であるとは教えられてきましたが、具体的な方法は示されませんでした。

修行とは自己完結のために行われるもので、教える側の心構えについて学ぶわけではありません。私自身も自己完結したところで、どうしたら良いのかわからないわけです。ただ、神は私に、教えを説く道を指し示すのです。こうしてすべてが整っていき、気がつけば、二十年の月日を教えることのみで生きてきました。その間も「母」は、我が師として私に常に寄り添い、導きを与えてくれていました。実際の「母」からの教えは実にシンプルですが、その核心は「いかに教えるかではなく、何を教えてはいけないかをわかっているか」という、考えてもいなかった内容でした。

「教える」ということの本質的な問題点は、それぞれ価値観の違う人間に教えるわけであり、人によって解釈が変わってしまうことです。例えば、わかるためには修行は必要ないにしても、人によっては修行を必要とするのです。修行するべき人、しなくて良い人、これは人それぞれです。全員に対しての共通の教えというのはありません。人それぞれに対応しなくてはならないのです。私にとって「母」の教えは、このように、自分のための教えから、他者への教えにあたっての心構えとしての部分に特化しています。

また、自分自身に関しても、自己完結した活動は許してくれますが、他人を巻き込むようなものはご法度になりますので、私はこの二十年は最低限の人たちとの接触しかしていません。客観的には不自由だと感じるかもしれませんが、何より、それ以上の喜びを与えてもらっているというのが正直なところです。

しかし、ついに機が熟し、この「母」の教えが出版されることになる流れは、いよいよ「母」の時代が近づいてきている証しです。

世の中はコロナに始まり、戦争、環境破壊と、我々はかつてとは違った生き方の選択を要求されています。そしてこの逼迫した時代に何が要求されているかは明白です。意識の変革です。意識の変革とは、思想や考え方が変わるというようなレベルのものではありません。それはただの観念です。今、我々が必要としているのは、より根源的な意識変革です。それは、真の自己への目覚めです。多くの人が自己に目覚め、意識が変わっていくならば、現実や世界の現れそのものが変わっていくことでしょう。

もちろん、すべては必然性から来ていることなので、最終的にはすべては計画通りに完結していくのは間違いないことです。しかし、ある次元では、求められている答えに到達する必要性もあるのです。

次回作の『目覚めの力』(仮題)では、この辺りも含め、必然性における自己完結という本質的な自己への目覚めに関して、お話しをしていく予定でおります。

私の祖母、板倉三重は、人権と愛と平等のために生涯を捧げ、九十一歳で亡くなるその日まで母性のために闘い続けた人でした。私にこのような土壌を与えてくれた祖母と、常に無量の愛を持って私を育ててくれた母親を含め、すべての母性、女性性に感謝し、本書を捧げたいと思います。母性が守られ、尊ばれ、その愛が人類を真の平和へと導き、至福へと至らせることを心から祈っています。

また、今回も、多くの人の力を借りて出版に漕ぎ着けることができました。有り難いことに、蓮華舎の大津明子さんには前回同様に、音源からの書き起こしを含め、全体をまとめるという大仕事をこなしていただくことで、本書は完成しました。出版に携わる皆さんや、本書を読んでいただける皆さんなくしては始まらないことですので、これらすべてを「母」に感謝し、その皆さんに「母」の恩寵と祝福があることをお祈りして、本書の締め括りとさせていただきます。

二〇二二年八月十五日

岩城和平

著者
岩城 和平
（いわき・わへい）

1965年東京生まれ。両親ともに俳優という環境の下に長男として生まれる。ベトナム戦争のまっただ中、反戦運動をしていた両親が、世界平和の願いを込めて“和平”という名前をつける。幼少期より度重なる臨死体験とその体験よりもたらされた感覚によって、神秘の世界に目覚める。

8歳のときに弥勒菩薩との遭遇により歩むべき道を確信し、13歳からはキリストを愛し、日々祈りの中で過ごす。15歳でヨーガと出会う。この頃、平和運動、教育、環境問題と関わり、17歳で人生のテーマは平和の実現だとわかる。自分の中の宗教的感性によってインドへと導かれ、ビハール・スクール・オブ・ヨーガ主宰、スワミ・サッテャーナンダ師の弟子となり、21歳までヨーガの修行をする。師の助言に従い仏教の勉強を始め、しばらく師を探す旅をする。のちに、チベット仏教のサキャ派の法王であるサキャ・ティチェン師と出会い、師の下で修行が始まる。26歳からは、運命的な出会いを通して、チベット仏教四大ラマの一人であるニンマ派最高峰の生き仏、ミンリン・ティチェン師の弟子となり、ゾクチェンやその他の教えを学ぶ。師から、自分の役目は日本にあると言われ帰国。29歳から日本での本格的な生活が始まる。35歳のときに恩寵により人生における疑問のすべてが解消し、以来、自らの人生での経験や理解を通して得られた知識を教える日々を過ごしている。

著書に『恩寵の力——必然性に導かれた人生の答え』（蓮華舎 刊）。

Padma Publishing

母の力
すべての創造の根源からの教え

2022（令和4）年9月20日　第1刷発行

著者
岩城 和平

発行者
大津 明子

発行所
蓮華舎
Padma Publishing
〒102-0093
東京都千代田区平河町2-16-6 jeVビル
TEL：03-6821-0409
FAX：03-6821-0658
HP：https://padmapublishing.jp/

印刷・製本
株式会社シナノパブリッシングプレス

Printed in Japan ISBN978-4-910169-07-1 C0010

『恩寵《おんちょう》の力——必然性に導かれた人生の答え』

岩城 和平 著

「自分を超えたものに到達するときには、絶対に聖なる恩寵を必要とします。自分の努力ではなく、向こうからやってくる恩寵の力を受けなければ、自分が自分を超えることはできないのです。」(本文より)

10代でインドに渡った著者は、インドやチベットの高僧・活仏たちに愛されながら修行を続けるも、日本での役割があるとの師の命で帰国する。帰国後、社会生活を送るなかで、修行の総仕上げのような予期せぬ荒波に揉まれることになる。その人生を成就させ、究極的な理解へと導いたのは、「恩寵の力」だった。

本書は、著者の歩みと20年以上にわたる教えをはじめて公開しており、あらゆる宗教や信仰の根源となるものに向かう希求の心に応える一冊になっている。また、すべての背後にある「必然性」への言葉を超えた理解を促し、一人ひとりの「人生」に必ず存在する、それぞれの「答え」を探し当てるために、自分と世界をどのように感得していけばいいのか？　に対する、力強い導きを与えてくれる。

前半は、著者の数奇な半生を綴る自伝と術語解説、後半は、著者の愛の溢れる講話と問答のエッセンスを掲載。

定価：本体2,800円(税別)／発行：2021年10月／四六判上製 288頁／蓮華舎 刊